AF145527

Julius Heckscher

Schlüssel zu den Aufgaben in der Dänischen Grammatik nach Ollendorff's Methode

Julius Heckscher

Schlüssel zu den Aufgaben in der Dänischen Grammatik nach Ollendorff's Methode

ISBN/EAN: 9783744623827

Hergestellt in Europa, USA, Kanada, Australien, Japan

Cover: Foto ©Paul-Georg Meister /pixelio.de

Weitere Bücher finden Sie auf **www.hansebooks.com**

Schlüffel

den Aufgaben

in der

ſchen Gramm

nach

llendorff's Methode

von

1862.

Vorwort.

Indem wir hiermit den Schlüssel zu den in unserer, nach Ollendorff's Methode verfaßten dänischen Sprachlehre sich vorfindenden Uebungsaufgaben dem Gebrauche übergeben, erlauben wir uns, demselben nur wenige begleitende Worte beizufügen.

Wenn irgend ein Lehrbuch, so ist es besonders das nach der Ollendorff'schen Methode verfaßte, das sich zum Selbstunterrichte eignet. Ein besonderer Faktor aber in dem selbstständigen Erlernen einer Sprache ist ohne Zweifel, daß der Lernende Gelegenheit habe, sich von der Richtigkeit seiner Arbeit zu überzeugen. Dem soll der Schlüssel in die Hand arbeiten. Der Lernende möge sich durch denselben vergewissern, daß er die Regeln der Sprache zur Anwendung zu bringen verstehe, um mit jener Sicherheit voranzugehen, die allein zum Ziele führt; er möge aber auch an der Hand desselben einsehen, wo er noch zu arbeiten hat, oder wo er eingeschlichene Unkorrektheiten im Ausdrucke gegen den Sprachgebrauch sich zu Schulden kommen ließ.

Ein etwaiger Mißbrauch, der in Schulen mit dem Schlüssel getrieben werden könnte, kann diesen Gründen, die für die Veröffentlichung desselben sprechen, kaum entgegengestellt werden, da ihm gegenüber der besonnene Lehrer sein Gewicht und seine Umsicht geltend machen wird.

Synonyma haben wir beim erstmaligen Vorkommen in Klammern gegeben.

Der Verfasser.

1.

Har Du det store Bord? — Ja, jeg har det store Bord. — Hvor have de den smukke Bog? — Her har jeg den smukke Bog. — Har han et Skib? — Ja, han har et Skib. — Hvor har Du Hestene? — Der har jeg Hestene. — Har De den lille Stol? — Nei, min Ven, jeg har ikke den lille Stol. — Har han det smukke Skib? — Nei, jeg har Skibet. — Hvor har Du Bordet? — Der har jeg Bordet. — Har Du Bogen? — Ja, her har jeg den smukke, store Bog, og jeg har ogsaa den smukke Stol. — Kun (oder: blot) j e g har den smukke Bog. — Har De ogsaa et Skib? — Nei, min Ven. — Har han kun Stolen? — Nei, han har ogsaa et Bord. — Har Du en Kniv? — Ja, her har jeg en lille Kniv. — Har De et Værelse? — Ja, jeg har det store og smukke Værelse. — Drengen har en Stol og en Kniv. — Har Du et Værelse? — Nei, min Ven. — Ogsaa jeg har et Værelse. — Blot han har et Skib. — Du har det store Skib. — Drengen har det smukke Bord. —

2.

Har Du Bogen, min lille Dreng? — Ja, her har jeg den lille Bog, min Herre. — Hvor har De den korte Snor? — Her har jeg Snoren. — Han har en smuk Skov. — Hvor har Du Brevet? — Drengen har Brevet. — Har Drengen Hestene? — Nei, han har ikke Hestene. — Har De det korte Brev? — Ja, her har jeg det korte Brev. — Har Du Brevene? — Nei, min Ven, Drengene have Brevene. — Har kun han en Snor? — Nei, min Herre, ogsaa jeg har en lille Snor. — Har den lille Herre den smukke Skov? —

Ja, han har Skoven. — Have Drengene Knivene? — Ja, Drengene have Knivene. — Min Ven har det smukke Skib og det store Værelse. — Har Drengen den gode Kniv? — Ja, han har den gode og store Kniv. — Hvor har De den smukke Hest? — Der har jeg Hesten. — Den smukke Herre har den store Bog. — Min Ven har det store Værelse. — Jeg har Værelserne, og Du har Skibene. — Ogsaa min Ven har et Skib. — Den gode Dreng har en smuk Bog. —

3.

Har Du Æblet? — Nei, men jeg har Pæren. — Hvor er Konen? — Konen er ikke her. — Er Hatten meget stor? — Nei, Hatten er meget lille. — Det tomme Værelse er mit. — Ere begge Bordene mine eller dine? — De ere mine. — Hvor er den store Hest? — Han har ikke den store Hest. — Hvor er hele Folket (oder: det hele Folk)? — Her er ikke hele Folket. — Hvor er den hvide Kniv? — Jeg har ikke den hvide Kniv. — Hvor er det grønne Bord? — Jeg har ikke det grønne Bord. — Hvor er din Kone? — Min Kone er ikke her. — Vinduet er mit, men ikke dit, min Ven. — Har De endnu den smukke Bog? — Nei, jeg har ikke den smukke Bog. — Er hele Folket der? — Ja, min Ven, her er hele Folket. — Din Bog er meget stor; men min er kun meget lille. — Er Vinduet endnu idag sort? — Nei, idag er Vinduet ikke sort. — Er din Hest sort eller hvid? — Nei, min Hest er rød. — Min Ven har en meget stor Bog. — Katten er sort.

4.

Har De begge Bordene og begge Stolene? — Nei, jeg har kun begge Bordene. — Er Bogen lang? — Nei, Bogen er meget kort. — Har Drengen endnu det store, smukke Værelse? — Nei, men jeg har Værelset. — Er min Bog ikke smuk? — Nei, min Ven, din Bog er ikke smuk. — Er Pæren sød? — Ja, Pæren er meget sød. — Er hele Stykket der? — Ja, her har Du det hele Stykke. — Hvor er den store Mængde? — Her er den store Mængde. — Din Stok

er meget styg (ober: hæslig), men min er smuk. — Er Hat=
ten smuk? — Nei, Hatten er meget styg. — Er den grønne
Hat din? — Nei, den sorte Hat er min. — Her er det
tomme Skib. — Er Sømmet dit eller mit? — Ogsaa Søm=
met er mit. — Kun Du er styg, men din Ven er smuk. —
Ere de røde Heste dine? — Nei, blot de hvide Heste ere
mine; men alle de røde ere dine. — Det hele Stykke er
endnu idag meget sort. — Sømmet er meget kort. — Hvor
er det grønne Værelse? — Der er Værelset. — Du har en
meget god Kone. — Her er min Kniv. — Endnu er hele
Folket ikke der. — Jeg har kun den korte Stok, men den
lange har jeg ikke. — Det store Søm er ikke der. — Har
De de store Knive? — Ja, her ere alle Knivene. — Vin=
duet er ganske sort. — Min Kat er ganske hvid. — Pæren
er ikke søb. —

5.

Er Du lykkelig? — Ja, min Ven, jeg er meget lykke=
lig. — Er det hvide Lam dit? — Ja, Lammet er mit. —
Her er den smukke, grønne Skov. — Hvor er min Kaabe?
— Pigen har Kaaben. — Er Pæren søb? — Nei, Pæren
er meget suur. — Myggen er meget lille. — Her er det
sure Æble. — Er Snoren lang? — Nei, Snoren er kort
og smal. — Hvor er det grønne Bord? — Her er Bordet.
— Pigen er ikke ganske lykkelig. — Hvor er din Tjeneste=
pige? — Min Tjenestepige er ikke der. — Er det store Lam
dit? — Nei, mit Lam er meget lille. — Katten er meget
hæslig. — Hvor er Kniven? — Konen har Kniven. — Hvor
er Brevet? — Herren har Brevet. — Er De lykkelig? —
Nei, jeg er ikke lykkelig. — Har de Knivene? — Nei, Pigen
har alle Knivene. — Hvor er den store Bog? — Drengen
har Bogen. — Er Brevet kort? — Ja, Brevet er meget
kort. — Har De det smukke Værelse, min Herre? — Ja,
jeg har Værelset. — Drengen er meget lykkelig, men Pigen
er ikke lykkelig. — Har De den lange Snor? — Jeg har
ikke den lange Snor, men den korte. — Myggen er ikke smuk.
— Er din Familie her? — Nei, min Familie er ikke her. —

1*

Er din Kaabe rød? — Nei, min Kaabe er sort. — Ogsaa min Snor er smal. — Hvor ere begge Hestene? — De ere begge to her. — Hvor er den hvide Kat? — Pigen har Katten. —

6.

Bringer De mig Kagen? — Ja, her bringer jeg Dem en stor Kage. — Hvor er Lyset? — Her bringer jeg Dig et Lys. — Seer De Brødet? — Ja, her er Brødet. — Er den røde Ko din? — Nei, kun den hvide Ko er min. — Bringer De mig Brevet? — Ja, her er Brevet. — Hvor er Barnets Kniv? — Jeg seer ikke Barnets Kniv. — Hvor er Kjøbet og Brødet? — Her bringer jeg Dem Kjøbet; men Brødet seer jeg ikke. — Seer Du ikke mit Lys? — Nei, jeg seer ikke Lyset. — Seer De Skoven? — Ja, jeg seer den grønne Skov. — Min Moder kjøber mig en Kage. — Hvor er Pigens Kaabe? — Jeg har ikke Kaaben. — Kjøber din Faber et Brød? — Ja, min Faber kjøber et Brød. — Jeg kjøber mig en Ko og et Lam. — Min Faber er meget lykke= lig. — Drengen bringer Dem den smalle Snor. — Kjøber Du den sorte Hest? — Nei, jeg kjøber kun den hvide. — Hvor er Deres Tjenestepige? — Min Tjenestepige er ikke her. — Min Faber har en stor Hund og en lille Kat. — Jeg bringer Dem et Æble og en Pære. — Pæren er meget suur. — Koens Farve er hvid. — Hvor er Barnets Kage? — Han seer ikke Barnets Kage. —

7.

Bringer De mig Brød? — Ja, her bringer jeg Dem hele Brødet. — Hundens og Hestens Troskab er meget stor. — Hattens Farve er sort. — Jeg kjøber Dig en Stok. — Hvor er din Moder, min Dreng? — Min Moder er ikke her. — Seer De ikke min Sax? — Nei, jeg seer ikke Deres Sax; men Deres Kniv seer jeg. — Det stygge Værelse er ikke mit, men Deres. — Giver Du mig Ringen? — Ja, her har Du en Ring. — Min Faber kjøber mig et Uhr. —

Bringer De mig Kjøbet? — Ja, her bringer jeg Dem Kjø=
bet. — Seer Du mit Uhr? — Ja, min Ven, her er dit
Uhr, men din Ring seer jeg ikke. — Ogsaa Barnets Flid er
meget stor. — Begge de sorte Hunde ere her. — Jeg bringer
Dem det røde Æble og den søde Pære. — Min Faber er
idag ikke her. — Kun Saxen seer jeg ikke, men Kniven er
der. — Drengen har den smukke Bog. — Seer De hele
Mængden? — Ja, jeg seer Mængden. — Seer Du Hatten? —
Der er den hvide Hat. — Skibets Farve er rød. — Dren=
gens Brød er ikke der. — Hvor er Pennen? — Jeg bringer
Dem en Pen. — Jeg giver Dem en Ring. — Byens Be=
folkning er her. — Fiskens Farve er ikke grøn. — Er Stadens
Befolkning stor? — Nei, Stadens Befolkning er ikke stor.
— Barnet bringer Dem Deres Stok. — Faderen giver Dren=
gen den smukke Bog. — Katten er meget styg, men Hunden
er smuk. — Er det tomme Værelse Deres? — Nei, det
tomme Værelse er dit. —

8.

Jeg giver Dig et Gulduhr. — Min gode Broders Troskab
er stor. — Seer Du Maanen? — Nei, jeg seer ikke Maa=
nen. — Blot min gode Fader er nu her, men min gode
Moder er ikke her. — Er Æblet godt? — Ja, dette Æble
er meget godt. — Bringer De mig Deres gode Broders store
Hat? — Ja, her bringer jeg Dem min Broders Hat. —
Dette Kobber er ikke smukt. — Er Brødet idag godt? —
Ja, idag er Brødet meget godt, men ofte (eller: tit) er
Brødet ikke godt. — Min gode Moder er død. — Min Søster
kjøber Dem en Silkehat. — Vort store Huus er ganske hvidt.
— Dette store Huus er vort, men denne smukke Hest er din.
— Gode Dreng, er Du her? Jeg seer Dig ikke. — Ofte
er Maanen ganske lille. — Har De Deres lille Søns Bog?
— Ja, her er min Søns smukke Bog. — Har De nu et
godt Værelse? — Ja, nu har jeg et meget godt og smukt
Værelse. — Hun er en ond (eller: slet) Moder. — Solen
er meget stor. — Er denne store Stjerne smuk? — Nei,
Stjernen er meget styg. —

9.

Min Søn har et Træhuus. — Har De Sølvkniven? —
Ja, her er Sølvkniven. — Er denne Silkehat smuk? — Ja,
Hatten er meget smuk. — Guldpennen er min. — Dette
Skib er ikke stort. — Vor lille Datters Flid er stor. —
Seer De en lille Stjerne? — Nei, jeg seer kun den store.
— Denne Pen er endnu ikke god. — Min Broder bringer
mig et Kobberbæger. — Hvor er den lille Sax? — Jeg seer
ikke Saxen. — Hvor er Kjødet? — Her har Du Kjødet. —
Jeg giver Dem en smuk Fisk. — Hvor er vort Søm? —
Jeg seer ikke Sømmet. — Denne By er meget smuk. —
Bægeret er ganske tomt. — Hele Befolkningen er der. — Min
Søster bringer mig et Træbæger. — Denne lille Drengs
Søster er død. — Den hvide Hund er min, og den sorte
Hest Deres. — Jeg giver Dem en Guldring. — Min Bro=
der har et smukt Skib. — Deres Datter har en smuk Sil=
kehat. — Er dette Skib stygt? — Ja Skibet er meget stygt.
— Min Broder bringer mig et lille Bord og en stor Stol.
— Min Datter giver Dem det hele Stykke. — Hvor er den
gode Kone? — Hun er endnu ikke her. — Har Deres Moder
god Silke? — Ja, hun har meget god Silke. — Har De et
Træbord og en Træstol? — Jeg har idag kun et Træbord. —

10.

Hvor er min Faders Stok? — Her er Stokken. — Seer
Deres Søster mit store Huus? — Ja, hun seer Deres Huus.
— Vor gode Fader er ikke her. — Hvor er Deres lille Dat=
ter? — Min Datter er her. — Dette er ikke Jern, men
Kobber. — Er Kjødet godt? — Ja, idag er Kjødet meget
godt. — Hvor er din Søsters smalle Snor? — Jeg seer
ikke Snoren. — Hvor er Drengens store Kage? — Kagen
er ikke her. — Jeg seer ikke min grønne Silkekaabe. —
Pigen har Deres Kaabe. — Denne sorte Ko er ikke Deres,
men min. — Idag er Brødet ikke godt. — Min Ven kjøber
mig en Guldring. — Hvor er vort Lys? — Jeg seer det
ikke. — Vor gode Datter er endnu ikke her. — Jeg bringer

Dig denne store Kage. — Er dette hvide Lam smukt? — Ja, det er meget smukt. — Hvor er mit Brev? — Konen har Brevet. — Er Brevet langt? — Nei, Brevet er ikke meget langt. — Denne store Kat er meget styg. — Seer Du ikke min store Bog? — Nei, jeg seer ikke din Bog. — Ogsaa min store Datter er her. — Tjenestepigen bringer Dem Silkekaaben. — Er Du lykkelig, min Ven? — Ja, jeg er meget lykkelig. — Ere begge Stolene mine? — Nei, begge Stolene ere Deres. — Vinduet er ganske grønt. —

11.

Bringer Snedkeren et nyt Bord? — Nei, Snedkeren bringer ogsaa idag kun et gammelt Bord. — Hunden er et tro Dyr, men Ræven er et snu Dyr. — Din lille Broder er et kaad Barn. — Seer De det franske Skib? — Der kommer et Skib; men det er intet fransk, men et hollandsk Skib. — Er min Datter flittig? — Nei, hun er et lad Barn. — Dette stakkels Barns Moder er død. — Dette hvide Huus er mit. — Deres Søsters smukke Bog er ikke her. — Hvor er Lagenet? — Her er intet Lagen, min Ven. — Der gaaer den smukke, sorte Hest. — Min lille Datter har et smukt Æble og en stor Pære. — Min gode Moder er død, min Broder er meget syg, og min Fader er ikke her. — Seer De den smukke Stjerne? — Nei, men jeg seer Maanen. — Min Broder har endnu den troe, tydske Tjener. — Hvor er Sølvskeen? — Her er ingen Sølvskee. — Han giver mig en Sølvgaffel og en Trætallerken. — Hvilket Bord bringer Du? — Jeg bringer Dem kun det store Bord; det lille Bord er ikke der. — Begge Drengene ere her. — Kjøber De Saxen? — Nei, jeg kjøber Kniven. — Hele Familien er meget flittig. — Ulven er et hæsligt Dyr. — Skomageren er her. —

12.

Hvor er Dyret? — Dyret er nu bundet. — Himmelen er idag ganske blaa. — Hvor er din Farbroder? — Han er ikke her. — Fængselet er meget stort. — Hunden er idag megen boven. — Hvor er Tallerkenen? — Jeg seer ikke Tallerkenen. — Der gaaer Deres Tjener. — Min Mor= broder har et godt Sølvuhr. — Hvor er Deres Silkehat? — Jeg har ingen Silkehat. — Stokken er ganske sort. — Har De noget Sølv? — Nei, Sølv har jeg ikke, men jeg har meget Jern. — Har Deres Farbroder ingen Stok? — Nei, han har ikke nogen. — Har Deres Søster god Silke? — Ja, hun har meget god Silke. — Har De en god tydsk Bog? — Nei, jeg har ingen. — Har Du ikke noget Sølv= uhr? — Nei, jeg har ikke noget. — Den stakkels Mand er meget syg. — Har Manden en Søn? — Ja, han har en stor Søn og en lille Datter. — Denne Stok er ganske glat. — Bringer Du mig noget Kjød? — Nei, jeg bringer Dem en lille Fisk. — Hvor er mit Guldbæger? — Her bringer jeg Dem Bægeret. — Har De en god Sølvskee og en Sølv= kniv? — Jeg har en Sølvskee, men ingen Sølvkniv. — Dette Lagen er ikke ganske hvidt. — Denne æble Mand er idag meget syg. — Den dovne Dreng er endnu ikke her. — Der kommer min Skomager; men min Skrædder seer jeg ikke. — Hvor har De Sømmet? — Her bringer jeg Dem Deres store Søm. — Deres eget Skib er der. — Nei, dette Skib er ikke mit. — Min egen Søn er mig ikke tro. — Hvor er Drengens sorte Hat? — Hatten er her. — Min Tallerken er nu tom. — Himmelen er ofte ganske rød. — Der gaaer den flittige Snedker. — Her er ikke sikkert. — Denne brogede Farve er meget smuk. —

13.

Har De en Bog? — Jeg har en tydsk og en dansk Bog. — Snedkeren bringer en anden Stol og et andet Bord. — Dette Bord er meget bredt. — Hvor er din Kobberkje= del? — Jeg seer ikke Kjeblen. — Er dette nette Barn Deres? — Ja, Barnet er mit. — Horatius var eenøiet. — Er Arbei= det let? — Nei, Arbeidet er ikke let. — Hvor er det eenøiede Menneske? — Det eenøiede Menneske er ikke her. — Seer Du Dyret? — Der er Dyret; det er bundet. — Hvor ere din Farbroder og din Morbroder? — De ere begge to her.

— Er den smukke Kobberkjedel Deres? — Ja, Kjedlen er min. — Hvor er den brede Snor? — Jeg seer ikke Snoren. — Hvilket Lagen er dit? — Det lille er mit. — Dette Lagen er ganske sort. — Hvor er den gamle Skrædder? — Skrædderen er idag meget syg. — Hvor er min Tallerken? — Pigen bringer Dem Deres Tallerken. — Hvor er min blaae Silkekaabe? — Konen bringer Dem Kaaben. — Hvor er den dovne Dreng? — Han er ikke her. — Fængslet er meget stort. — Vort nye Bord er ikke bredt. — Hvor ere vore Gasler? — Tjenestepigen har alle vore Gasler. — Min Morbroder er meget syg. — Dette Barn er meget bly. — Den gamle Skrædder har et lille Træhuus. — Har Du den brede, grønne Snor eller den smalle, blaae? — Jeg har blot den brede Snor. — Dette Menneske er meget bly. — Katten er ikke noget tro Dyr. —

14.

Hvor er den hvide Pude? — Jeg har ikke Puden. — Hvor ere de ni Bræder? — Jeg seer ikke Bræderne. — Nu ere Nætterne meget korte. — Min Faster har mange Ænder, men faa Køer. — Seer De ikke Tængerne? — Nei, jeg seer ikke Tængerne. — Dette Dyr har meget store Kløer. — Dronningen har smukke Fødder. — Har din Moster ikke otte Søer? — Nei, hun har blot fem. — Her ere mange Studenter, men faa Professorer. — Hvor ere begge Generalerne? — Her ere de ikke. — Barnet har røde Kinder. — Hvor ere vore Lagener? — Jeg seer ikke Lagnerne. — Min lille Søster har ti Snore: sex grønne, tre blaae og en sort. — Stængerne ere meget store. — Jeg kjøber mig nye Skoe. — Ere her ikke to Broer? — Nei, her er kun een Bro. — Hvor ere mine tre Kamme? — Jeg har ikke Deres Kamme. — Dette Arbeide er ikke let. — Der kommer et engelsk Skib. — Dette Barn er meget bly. — Jeg kjøber mig en ny Kobberkjedel. — Er den smalle Vogn Deres? — Nei, den brede Vogn er min. — Tjenestepigen bringer Eder to Silkehatte. — Bræderne ere meget smalle. — Hvor er den store Myg? — Jeg seer ikke Myggen. — Skovene ere grønne. — Hvor er vort

Lys? — Jeg seer ikke Lyset. — Hvilken Farve har Deres
Silkekaabe? — Min Kaabe er blaa. — Konen bringer den
lille Dreng en Kage. — Er dette Æble sødt? — Nei, Æblet
er meget suurt. — Min Søster har tre Kaaber: to sorte
og en blaa. — Hvor ere mine Tøfler? — Her ere Deres
Tøfler ikke. —

15.

Nu bringer Skrædderen Deres Frakke, og Skomageren
bringer Dem Deres Støvler. — Har De mange Ænder? —
Nei, min Herre, jeg har kun faa Ænder. — Jeg giver Dig
ti Æg. — Mennesket har to Hænder, ti Fingre, ti Tæer,
to Øine og to Øren. — Denne gamle Mand har kun ni
Fingre. — Hvor ere alle Deres Døtre? — Mine Døtre
ere ikke her. — Har Du et langt Søm? — Nei, jeg har
et kort Søm. — Er dette Sukker sødt? — Ja, Sukkeret
er meget sødt. — Hvor ere de syv Flasker? — Jeg har blot
fem Flasker. — Barnet har smukke Øine, men lange Øren.
— Deres Børn ere meget flittige, men dine ere ofte meget
dovne. — Har Værelset to eller tre Vinduer? — Værelset
har fire Vinduer. — Hvor ere Eders Lam? — Jeg seer ikke
Lammene. — Drengene ere dovne. — Gjerningerne ere smukke.
— Min blaae Frakke er meget styg, men Deres sorte Kjole
er smuk. — Her ere otte Skibe: tre engelske, to franske, to
danske og et tydsk. — Denne Snedker er en meget flittig
Mand. — Seer Du disse smukke Bygninger, min lille Dreng?
— Ja, min Herre, jeg seer alle Bygningerne. — Ulven er
ikke noget smukt Dyr. — Den lille Dreng bringer os to
Tallerkener og fire Knive. — Denne Stads Bygninger ere
meget smukke. — Han har et stort Hoved. —

16.

Deres Brødre have mange Kundskaber, men Deres Dat=
ter har kun faa Kundskaber. — Hvor er dette lille Barns
Moder? — Hun er meget syg. — Dine Øine ere ganske
røde, min Ven. — Hvor ere Skrædderne og Skomagerne? —

Her ere begge Skomagerne og begge Skrædderne, og her kommer en god Snedker. — Hvilket Æble er dit? — Det røde. — Fængselet er en styg Bygning. — Der kommer Kongen, og her den smukke Dronning. — Deres Søster har smukke Fingre, men stygge Tænder. — Hvor ere alle Byens Beboere? — Jeg seer kun Konerne og Børnene. — Alle disse ædle Mennesker ere bundne. — Hvor ere vore Sølvskeer? — Her bringer jeg Dem tre store Skeer. — Her er Du ganske sikker, min Ven. — Er Ørkenen Sahara stor? — Ja, denne Ørken er meget stor. — Hvor er Deres nye Snor? — Jeg har kun gamle Snore. — Min Søn har fem nye Bøger. — Har De mange Værelser? — Jeg har kun tre Værelser. — Har Deres Moder ogsaa et Gulduhr? — Nei, hun har et Sølvuhr. — Jeg har en ny Frakke og to nye Hatte. — Min stakkels tydske Tjener er død. — Dette lille Barn er meget smut og kaad. — Har jeg Deres Sølvkniv? — De har min store Kniv. — Hvilket Bord har De? — Jeg har et nyt Træbord. — Seer Du Snorens Farve? — Ja, jeg seer Snorens Farve. — Mine to Brødre have mange Venner, men jeg har kun meget faa Venner. — Har De ikke noget Kjøb? — Nei, jeg har ikke noget Kjøb. — Ræven er endnu ikke der. — Dette Stykke er ganske grønt. — Deres Søster har hvide Hænder. — Har De mange Bøger? — Jeg har syv Bøger: fire tydske og tre danske. — Din Tantes Dumhed er meget stor. — Helligdommene ere meget smukke. — Deres sorte Hatte ere stygge. — Jeg har to Køer. — Bønderne bringe Eder Brød, Kjød og Æg. — Er Himmelen idag blaa? — Nei, idag har Himmelen mange sorte Skyer. — Er dette Brød eders? — Nei, det er ikke vort. —

17.

Hvor ere Smedens Tænger? — Jeg seer ikke Smedens Tænger. — Hvormange (eller: hvor mange) Søskende har Du, min lille Dreng? — Jeg har syv Søskende: tre Brødre og fire Søstre. — Hvormange Gæs og Ænder have dine Forældre? — Mine Forældre have ti Gæs, men kun tre Ænder. — Hvor mange Børn har De? — Jeg har fem

Børn: tre Døtre og to Sønner. — Hvor ere mine Strøm=
pebaand? — Jeg har ikke Deres Strømpebaand. — Hvor
ere mine Hatte og mine Stokke? — Jeg seer hverken Deres
Hatte eller Deres Stokke. — Har De min Frakke og min
Kjole? — Nei, men Pigen har baade (ober: saavel) Deres
Frakke og (som) Deres Kjole. — Ere de tre Lam mine eller
eders? — Lammene ere dine. — Hvormange Æg bringer
Bonden? — Bonden bringer os ti Æg. — Hvor mange
Glas har De? — Jeg har fire Glas: tre smaa og et stort.
— Ere Mændene Russere? — Ja, de ere alle Russere. —
De smaa Myg ere stygge. — Har Du mange Penge? —
Nei, jeg har meget faa Penge; men begge mine Brødre have
mange Penge. — Hvor ere mine Sølvbriller? — Glassene
ere her; men Stængerne seer jeg ikke. — Er dette Ølglas
Deres eller mit? — Det er enten Deres eller mit. —
Hvormange Baand har De? — Jeg har ti Baand: sex store
og fire smaa. — Dine Klæder ere ikke smukke. — Hvor ere
Deres Søskende? — Her ere mine Søskende ikke. — Hvor
ere Barnets smaa Snore? — Jeg seer ikke Snorene. —

18.

Hvor ere mine blaae Beenklæder (ober: Buxer)? —
Tjenestepigen har Deres Beenklæder. — Jeg kjøber mig et
Par nye Beenklæder. — Kongen har to Par Guldbriller. —
Hvor ere begge Pigerne? — Her ere Pigerne ikke. — Begge
Russerne have mange Penge. — Hvor mange Professorer
ere her? — Her ere otte Professorer. — Hvormange Baand
har din Søster? — Hun har ni Baand: fem blaae og fire
grønne. — Denne Kones Godhed er stor. — Hvor ere Deres
smaa Heste? — Jeg har ikke Hestene. — Idag har Him=
melen mange Skyer. — Seer Du ikke den lille Pude? —
Nei, jeg seer ikke Puden. — Denne gamle Mand er meget
ulykkelig. — Paaske er en smuk Fest. — Har De noget Salt?
— Nei, jeg har ikke noget Salt. — Skomageren bringer
mig et Par nye Støvler og Skoe. — Har Tjenestepigen mine
Tøfler? — Ja, Tjenestepigen har Deres Tøfler. — Hvor=
mange Tallerkener, Knive og Gafler bringer Du? — Jeg

bringer her ti Tallerkener, otte Knive og sex Gafler. — Ere begge Vognene Deres? — Nei, de ere ikke mine. — Hvormange Vogne har Kongen? — Kongen har syv Vogne, og Dronningen tre. — Hvormange Kamme har Du? — Jeg har tre Kamme: to smaa og en stor. — Begge mine Breve ere ikke der. — De to Bønder have ti Lam og otte Søer. — Eders Puder ere idag ikke ganske hvide. — Dine Kinder og Hænder ere ganske røde. — Hvor ere Deres to smaa Kobberkjedler? — Jeg har blot een Kjedel. — Mine Forældre kjøbe mig et Par Silketøfler. — Her ere fem Ulve og tre smaa Ræve. — Dette Dyr er enten en Ræv eller en Ulv. — Har De Æbler eller Pærer? — Jeg har hverken Æbler eller Pærer. — Er denne gamle Mand Smed eller Snedker? — Han er hverken Smed eller Snedker, men Skrædder. — Hvor mange Broer har denne lille By? — Byen har syv Broer. — Denne Neger har smukke, hvide Tænder. — Bringer den gamle Snedker Bordet eller Stolen? — Han bringer baade Bordet og Stolen. —

19.

Ere de svenske Bøger billige? — Nei, de ere meget dyre. — Iforgaars havde min Søster tre Malerier; men idag har hun kun to. — Begge Deres Brødre vare igaar her. — Paris er en meget smuk Stad, men ogsaa Kjøbenhavn er smukt. — Min Broder har meget Sølv og Kobber, men kun lidet (ober: lidt) Guld. — Hvor er Fruentimmeret? — Her er intet Fruentimmer. — Dine Fingre ere ganske sorte. — Frankrig og Tydskland ere store Lande, men Danmark er kun et lidet Land. — Det var ikke noget lille Spring. — Min Datter har ni smaa Bøger: tre franske, tre tydske, to engelske og en dansk. — Begge mine Døtre vare iforgaars her. — Hvormange Baand har De? — Jeg har ti Baand: fire graae, tre hvide, to sorte og et blaat. — Naar var Deres Onkel her? — Igaar var han her. — Det var en smuk Søndag. — Er Himmelen idag blaa? — Nei, idag er Himmelen ganske graa. — Hvormange Knive og Gafler havde J? — Vi havde sex Knive, men blot fire Gafler. — Hjortens Hurtighed er stor. — Nu ere Nætterne meget korte. —

20.

Bringer dette Fruentimmer Æg? — Ja, Fruentimme=
ret bringer os ti Æg. — Deres nye, sorte Hat er meget
billig, men min Frakke var mig meget dyr. — Nu have vi
en smuk Marts. — Smuk er denne Kone ikke, men hun har
smukke Øine. — Min lille Broder bringer os to Penne. —
Hvormange Malerier har De? — Jeg har ti Malerier: tre
store og syv smaa. — De to Børns Dumhed er meget stor.
— Alle Byens Beboere ere syge. — Hvilken Kone bringer
Eder Æblerne? — Den lille Kone. — Har jeg ikke Ret? —
Nei, De har Uret. — Begge Kongerne og begge Dronnin=
gerne vare igaar her. — Imorgen kommer min Broder. —
Er dette Hertugdømme stort? — Nei, det er meget lille. —
Hvormange Vinduer har Værelset? — Det har tre Vinduer.
— Havde Du meget Sukker? — Nei, jeg havde kun meget
lidt Sukker. — Min engelske Tjener var mig utro. — Mai
er en smuk Maaned. — Dette Barn har smukke Tænder. —
De to Mænd ere meget smaa. — Her ere fire Smede, tre
Vævere og to Snedkere. — Seer De de smaa, hvide Lam?
— Ja, jeg seer Lammene. — Ikke altid ere Menneskene
lykkelige. — Æselet har lange Øren. — Var denne Hat
dyr? — Nei, Hatten var meget billig. — Her ere to gamle
Bønder. — Hvor vare I? — Vi vare her hele Dagen. —
Hvilken Farve har eders Huus? — Det er rødt. — Hvor
er det brede Lagen? — Her bringer jeg Dem Lagenet. —
Idag var det en smuk Dag; Himmelen var ganske blaa. —
Hvor er den norske Væver? — Her er han ikke. — Har
De brede eller smalle Bræder? — Jeg har saavel brede
som smalle. —

21.

Har min Søster Ret eller Uret? — Hun har Ret; men
Deres Moster har Uret. — Naar havde Du den hollandske
Bog? — Iforgaars havde jeg denne Bog. — Hjorten er et
ædelt Dyr, men Ræven og Katten ere meget snue Dyr. — Seer
Du Faaret, mit kjære Barn? — Nei, men dette stygge Svin
seer jeg. — Er det idag Onsdag eller Torsdag? — Idag

er det hverken Onsdag eller Torsdag, men Fredag. — Denne Skov har mange Bøge. — Er denne smukke Tulipan Deres? — Ja, Tulipanen er min. — Denne gamle Mand er en Thv. — Hvor er din brogede Fugl? — Jeg har ikke nogen broget Fugl. — Der gaae begge Føllene og begge Ribbene. — Varmen er nu meget stor. — Denne lille Piges Længsel var stor. — Har Danmark mange Bøge? — Ja, Danmark har mange Bøge. — Er Fængselet en smuk Bygning? — Nei, det er ikke nogen smuk Bygning. — Denne Hunds Klogskab er stor. — Det var en stor Forandring. — Er Brættet langt? — Ja, dette Bræts Længde er meget stor. — Hvor er Deres graae Kjole? — Jeg seer ikke Kjolen. — Hvor er min Blikdaase? — Her er Daasen. — Hvor ere mine Guldbriller? — Jeg har ikke Deres Guldbriller. — Naar kommer Deres Kone? — Min Kone kommer iover= morgen. — Denne gamle Russers Bedrøvelse var meget stor. — Kongen har to Guldbaaser. — Hvor er vor lille Blikkje= del? — Tjenestepigen har Kjeblen. — Hvormange Dage har Ugen? — Ugen har syv Dage. — Naar kommer din Far= broder? — Han kommer imorgen. — Naar var den tydske Smed her? — Han var igaar her. — Har De mange Søskende? — Jeg har otte Søskende: fem Søstre og tre Brødre. — Denne eenøiede Mand er en Russer. — Er din Søn endnu ikke ni Aar? — Nei, han er blot otte Aar. — Hvor ere mine Skoe og mine Tøfler? — Jeg seer hverken Deres Skoe eller Deres Tøfler. — Her var en stor Skrigen. — Hvor er Tyven? — Jeg seer ikke Tyven. —

22.

Tulipanen er en smuk Blomst, men Rosen er den smuk= keste og meest vellugtende af alle Blomster. — I denne Hel= ligdom ere vi sikrere end hos Eder. — Min Søsters Længsel var større end min. — Er din Broder ældre end Du? — Min Broder er nitten Aar gammel, og jeg er kun sytten. — Denne Pige er beskednere end Deres Datter. — Min Broder er yngre end jeg, men min Søster er ældre end jeg. — Tydsk= land er større end Danmark; men Rusland er det største af alle europæiſke Riger. — Roſen er den allerſmukkeſte af alle Blomſter. — Hvilken Konge er den ældſte i Europa? — Kongen af Würtemberg er den ældſte af alle europæiſke Konger. — Hvormange Maaneder har Aaret? — Aaret har tolv Maane= der. — Dette Sukker er meget lyſt. — Ere Deres Døtre her? — Nei, iforgaars vare alle mine Døtre her; men nu ere de i Kjøbenhavn. — Haren er det frygtſomſte af alle Dyr. — Hvor boer Deres Datter? — Hun er nu i Norge. — Marts er længere end April; men Februar er den korteſte af alle Maaneder. — Hvormange Børn har din Fætter? — Min Fætter har elleve Børn: otte Sønner og tre Døttre. — Hjorten er det ſmukkeſte og Hunden det troeſte af alle Dyr. — Denne unge Pige er idag endnu mere bedrøvet end igaar. — Hvormange Konger havde Rom? — Rom havde ſyv Konger. — Denne tydſke Smed er mig ganſke fremmed. — Hvilken Pude er Deres? — Den øverſte Pude er min. — Hvormange Kager har dette Barn? — Barnet har elleve Kager. — Baade min Onkel og min Tante vare iforgaars hos os. — Hamborg er en ſtor Stad, Berlin er endnu ſtørre, men London er den ſtørſte af alle europæiſke Stæder. — Jeg ſpørger Dem: hvor er mit Sølvuhr? — Jeg har ikke Deres Uhr, min Herre. — Giv mig mine Støvler. — Jeg ſeer ikke Deres Støvler. — Min Frakke er brunere end Deres. — Reiſer De til Tydſkland? — Nei, jeg reiſer til Sverrig. — Mit eget Barn var mig ikke tro. — Begge mine Døtre vare et heelt Aar i Paris. — Pigen bringer os tyve Æg. — J Danmark er Kjøbenhavn den ſmukkeſte og ſtørſte By. —

23.

Kommer Du idag til mig, min kjære Ven? — Nei, idag kan jeg ikke komme. — Han er den bedſte af alle Brødrene. — Er dette Skib et ſvenſk eller et norſk? — Det er hverken et ſvenſk eller et norſk, men et engelſk Skib. — Bring mig fjorten Æbler og tolv Pærer. — Seer De denne lille Pige? — Jeg ſeer ikke nogen lille Pige. — Havde Tjeneren Deres Gulduhr og Deres Sølvring? — Han havde hverken mit Uhr eller min Ring. — Kjøb mig en ſort Silkehat. —

Ere Deres Broders Heste store eller smaa? — Min Broders Heste ere meget smaa. — Min Søn reiser meget ofte til Hamborg. — Igaar var min Broder her, og iforgaars min Søster; men nu ere be begge to i Frankfurt hos vor Onkel. — Naar kommer Deres Tante? — Hun kommer imorgen. — Kommer din Fader idag? — Nei, han kommer iovermorgen. — Kommer Dronningens Søster tit til Dem? — Ja, hun kommer tit til os. — Det var ganske rigtigt. — Han er den Fattigste i hele Byen. — Denne Bonde bringer os Æg. — Har De flere Stole i Deres Værelse end jeg i mit? — Jeg har flere i mit end De i Deres: jeg har sexten, og De har kun tretten. — Har Deres Onkel flere Heste end Deres Fætter? — Ja, min Onkel har atten Heste, og min Fætter har blot femten. — Kongen af Portugal er yngre end Kongen af Danmark. — Solen er større end Maanen. — Vort Huus er mindre, men smukkere end Deres. — Hvor boer De? — Nu boe vi paa Landet. — Her ere vi sikkrere end hos Dig. — Kjøb mig to Skeer og en Sax. — Have vi ikke Ret? — Nei, I have Uret. — Denne lille Drengs Flid er meget ringe. — Deres Kjole er mere broget end min. — Bogen er tungere (oder: sværere) end Pennen. — Denne Rose er den meest vellugtende af alle mine Blomster. — Eders Fader er her. —

24.

Min Snor er længere og bredere end Deres. — Denne Russer er den eneste Smed i den lille By. — Varmen er idag større end igaar. — Seer Du ikke mine Strømpebaand? — Nei, jeg seer ikke Deres Strømpebaand. — Bring os tre Ølglas. — Jeg har kun et eneste Ølglas. — Er denne hollandske Væver rig? — Ja, han har mange Penge. — Bring mig min Sølvdaase. — Jeg seer ikke Deres Daase. — Æselet er mindre end Hesten. — Din Kjole er meget net. — Hvor ere begge mine brogede Fugle? — Her ere Fuglene ikke. — Denne unge Snedker har altid røde Kinder. — Kjøb mig et Par nye Silketøfler. — Boer De endnu paa Landet? — Nei, nu boe vi i Staden. — Naar reiser De til Dan=

marf? — Iovermorgen. — Naar vare I hos mine For=
ældre? — Vi vare iforgaars hos dine Forældre. — Mine
fjære Forældre ere sŋge. — Har din ŋngste Broder flere
Bøger end Du? — Ieg har færre Bøger end han: han har
femten, og jeg har fun tolv. — Hvor ere de graae Hatte?
— Her ere de iffe. — Giv mig iffe hele Stŋffet. — Dette
Barn er meget beffedent og blŋ. — Har De min Blifdaase?
— Nei, jeg har iffe Deres Daase. — Komme Mændene
til os? — Nei, de komme til min Morbroder. — Hvilfen
Ko er Deres? — Den bagerste er min. — Idag have vi
den første December. — Tarquinius Superbus var Roms
sidste Konge. — Theodor er den flittigste af alle Børnene. —
Ere eders Værelser lŋse? — Ja, alle vore Værelser ere
meget lŋse. — Hvor vare mine graae Beenflæder? — Pigen
havde Deres Beenflæder. —

<h2 style="text-align:center">25.</h2>

Er Deres Kone sŋg? — Hun er endnu meget svag. —
Naar er De idag hjemme? — Ieg er hele Formiddagen
hjemme. — Er Russeren endnu paa Bjerget? — Nei, han
er i Bŋen. — Hent mig den lille Brødfurv. — Ieg seer
iffe Brødfurven. — Kommer De nu hjemmefra? — Nei,
jeg kommer fra min Faster. — Denne sorte Hest er et meget
fraftfuldt Dŋr. — Seer De denne store, smuffe, fraftfulde
Bjergbeboer? — Ja, jeg seer Bjergbeboeren. — Kjøbenhavn,
Danmarks Hovedstad, er Rigets største og smuffeste Stad. —
Denne Tømmermand er den rigeste Mand i hele Bŋen. —
Bring mig den store Kurv. — Her er Kurven iffe. — Kon=
geriget Sverrig er større end Kongeriget Danmarf. — Var
Udenrigsministeren hjemme? — Nei, han var hele Eftermid=
dagen hos Kongen. — Dŋrehaven i Berlin er meget smuf.
— Professorens Ærgjerrighed er meget stor. — Hvor
var Ildebranden i Formiddags? — Hos den norffe Tømmer=
mand. — Min fjære Moder fjøber mig en nŋ, lŋseblaa
Kjole. — Have vi endnu Gulerødder? — Ja, vi have endnu
mange Gulerødder. — Dronningen var meget gavmild. —
Hvor er Stuepigen? — Stuepigen er iffe hjemme; men vor

Barnepige er her. — Denne Skolelærers Flid er stor; men han er ogsaa meget ærgjerrig. — Hvor ere Deres Børne=børn? — Alle mine Børnebørn ere nu i Kjøbenhavn. — Naar er Du hjemme, kjære Ven? — Jeg er altid hjemme om Formiddagen. — Naar vare I hos os? — Vi vare igaar Eftermiddags hos Eder; men der var Ingen hjemme. —

26.

Gaaer De nu hjem? — Nei, jeg gaaer til Professoren. — I Formiddags var en svensk Student hos os. — Hvor vare I igaar Formiddags? — Vi vare begge to hjemme. — Om Eftermiddagen er Generalen altid hos sine Døtre. — Hvor var De igaar? — Om Formiddagen vare vi hjemme, om Eftermiddagen hos den franske Væver. — Kommer De fra Dyrehaven? — Nei, jeg kommer hjemmefra. — Send mig de to Sølvlysestager. — Her bringer jeg Dem Lysestagerne. — Bønderbørnenes Dumhed er meget stor. — I den lille Landsby vare iforgaars to Børneballer. — Bondesønnernes Flid var ikke ringe. — Ere Gulerødderne idag gode? — Idag ere de bedre end igaar. — Tyven havde begge Lysestagerne. — Norges Hovedstad, Christiania, er ikke nogen stor Stad. — Hvormange Spegesild have vi? — Vi have endnu tret=ten. — Var Bondemanden i Formiddags hos Dem? — Nei, han kommer altid kun om Eftermiddagen til os. — Din lyseblaa Kjole er ikke smuk. — Naar bringer Skrædderen mine graae Buxer? — I Eftermiddag. — Vare Bønder=børnene flittige? — Nei, de vare alle meget dovne. — Er Murerens Søn flittig? — Ja, han er den Flittigste i hele Skolen. — Er Grækenland et stort Rige? — Nei, nu er Grækenland kun et lidet Kongerige. — Vinduesruderne ere meget smaa. — Kongen vare ganske magtesløs. — Hent mig min lille Sax. — Naar sender De mig mine Støvler? — Iovermorgen. — Er Russeren Smed? — Nei, han er enten Tømmermand eller Murer. — Send mig fjorten Ølglas. — Hvor ere begge Barnepigerne? — De ere begge to i Barnestuen. —

2*

27.

Hvorfor bringer De os ingen Ost? — Forbi vi ingen Ost have. — Frederik den Anden eller den Store var omtrent sex og fyrgetyve Aar preusisk Konge. — Hvad hedder den største europæiske Stad? — Den største europæiske Stad hedder London: denne Stad har mere end to Millioner Indbyggere (ober: Indvaanere). — Min ældste Broder er sex og tyve Aar gammel, min yngste Søster er fjorten. — Hvilken er den korteste Maaned i Aaret? — Den korteste af alle Maaneder er Februar: denne Maaned har sædvanlig kun otte og tyve Dage. — Fyrstendømmet Lippe er kun meget lille. — Hvormange Indbyggere har Breslau? — Breslau har i det Mindste (ober: idetmindste) hundrede og tredive tusind Indbyggere. — Christian den Fjerde var tredsindstyve Aar Konge i Danmark, men Christian den Ottende kun omtrent ni Aar. — I denne lille By boer der elleve Skræddere, ti Skomagere, men kun fem Snedkere. — Hvormange Maaneder, Uger og Dage har Aaret? — Et Aar har tolv Maaneder, to og halvtredsindstyve Uger og trehundrede og fem tredsindstyve Dage. — Jeg spørger Dem: hvor boer Deres Onkel? — Min Onkel boer nu paa Landet. — Naar er De idag hjemme? — Klokken (ober: Kl.) ti. — Baade min Broder og min Søster ere nu i Kjøbenhavn. — Er Kjøbenhavn smukt? — Ja, Kjøbenhavn er en meget smuk Stad. — Giv mig blot et lille Stykke Fisk. — Kjøb mig to Pund Smør. — Tyrkiet er nu større end Grækenland; men tidligere var Grækenland større end nu. — Hvad er Klokken? — Det er meget silbigt (ober: seent): Klokken er næsten tre Qvarteer til ti. — Dette Bjerg er meget smukt. — Bring mig den lille Kurv. —

28.

Hvormange Indbyggere har Frankrig? — Det har omtrent fyrgetyve Millioner Indbyggere. — Hvorfor kommer De saa seent? — Det er ikke seent: Klokken er kun halvfem. — Har De ingen anden Viin? — Jeg har bedre Viin. — Hvorfor gaaer De ikke hjem? — Forbi det endnu er meget tidligt. — Nu gaaer jeg hjem: det er meget filbigt. — Kommer Du nu hjemmefra? — Nei, jeg kommer fra min Morbroder. — Denne røde Hest er et meget kraftfuldt Dyr. — Bring mig Bøgerne. — Jeg feer ikke Bøgerne. — Seer Du ikke min Kniv og min lille Sax? — Jeg feer hverken Deres Kniv eller Deres Sax. — Reifer De til Sverrig? — Nei, min Herre; jeg kommer fra Sverrig, men jeg reifer til England. — Min ældste Broder har et stort Stykke Guld. — Seer De ikke denne kraftfulde Bjergbeboer? — Nei, jeg feer ikke Bjergbeboeren. — Hvor ere Deres Slægtninge? — Alle mine Slægtninge ere døde. — Naar reifer De? — Jeg reifer endnu idag med begge mine Døtre til Hamborg. — Kjøbenhavn, Danmarks Hovedstad, har nu næsten hundrede og tredfindstyve tufind Indbyggere. — Vare I i Sverrig og Norge? — Ja, vi vare næsten to Aar i Sverrig og omtrent otte Maaneder i Norge. — Hvad hedder det største Kongerige i Tydskland? — Af de fire mindre tydske Kongeriger er Baiern det største og Sachfen det mindste; af Fyrstendømmerne er Liechtenstein det mindste. — Hvor mange Børn har din Fætter? — Han har fem Døtre og tre Sønner. — Christina, Gustav Adolphs Datter, var omtrent to og tyve Aar Dronning i Sverrig. — Denne unge Pige er meget beskeden. — Hvilken Vei gaaer De? — Jeg gaaer den korteste. — Hent mig vor lille Brødkurv. — Her er ingen Brødkurv. — Har De Viin eller Øl? — Jeg har baade Viin og Øl. — Gaaer De nu hjem? — Nei, jeg gaaer til mine Børnebørn. — Tarquinius Superbus var den syvende og sidste romerske Konge. — Hvor var De igaar? — Jeg var hele Dagen paa Landet. — Har den fattige Mand et Faar? — Denne Mand er ikke fattig: han har flere Faar, to Heste og syv Søer. —

29.

Var der i Formiddags mange Mennesker hos Dem? — Ja, der var mange Mennesker hos os. — Er den danske Smed allerede (ober: alt) der? — Ja, han er allerede næsten en heel Time der. — Boer der mange Murere og Tømmermænd i denne Landsby? — Der boer mange Murere, men kun faa Tømmermænd der. — Hvormange Æg bringer Pigen os? — Pigen bringer os tyve (ober: en Snees) Æg. — Deres For= ældre sende Dem et Stykke Flesk. — Hvormange Knapper har Du, kjære Ven? — Jeg har idetmindste fire Dusin. — Hvorfor var De igaar Eftermiddags ikke hos Deres Slægt= ninge? — Forbi jeg var syg. — Du kommer meget silde. — Gaaer De allerede? — Ja, jeg gaaer hjem: det er allerede meget seent. — Naar kommer Deres Faster? — Hun kom= mer imorgen fra Landet. — Naar er De hjemme? — Jeg er sædvanlig hjemme om Formiddagen. — Er din Søster yngre end Du? — Nei, hun er idetmindste tre Aar ældre end jeg. — Hvad er Klokken? — Klokken er allerede halv otte. — Hvad hedder Kongen af Sverrig og Norge? —. Han hedder Karl den Femtende. — Hvor ere Deres graae Snore? — Jeg har kun blaae Snore. — Er Stuepigen allerede der? — Nei, endnu ikke; men begge Barnepigerne ere her. — Hent mig en Spegesild, et Pund Smør og et Stykke Ost. — Have vi intet Flesk? — Nei, vi have intet Flesk. — Bring mig mine to Kamme. — Jeg har ikke Deres Kamme. — Hvor ere mine Silketøfler? — Jeg seer ikke Deres Tøfler. — Denne unge Piges Længsel er meget stor. — Hvad hedder Du, min lille Dreng? — Jeg hedder Frederik. —

30.

Hvor er Deres lille Hund? — Min Hund er død imor= ges; den var mig et tro Dyr. — Var De iaftes (ober: igaar Aftes) hos os? — Nei, jeg var igaar Morges Klokken tre Qvarteer til ni hos Dem. — Hvor er Kniven? — Her er den. — Giv hende Uhret. — Seer De denne smukke Stjerne? — Ja, jeg seer den. — Her bringe vi Dem to Borde og fire Stole. — Var Dronningens Tjener hos den gamle, syge Tømmermand? — Nei, Dronningen selv var der. — Hvor ere Deres Døtre? — Begge mine Døtre ere paa Veien til Frankfurt. — De boer allerede tre Aar i Hamborg? — Nei, jeg boer kun to Aar i Hamborg. — Var den tiende Opgave

Dem vanskeligere end den niende? — Saavel den niende som den tiende Opgave vare meget lette; kun den første var mig noget vanskelig. — Giv ham et Æble, men ingen Pære. — Skammer De Dem ikke? — Nei, vi skamme os ikke. — Drengen skammer sig. — Jaften ere mine Søskende hos Deres Forældre. — Hvor er den gamle Kone? — Hun var allerede iforgaars meget svag; jeg gaaer nu til hende. — Opvarter! bring os en Flaske Viin. — Opvarteren er ikke her. — Hvor= for er De idag saa bedrøvet? — Jeg er meget bedrøvet; thi min bedste Ven er bestøværre (ober: besværre) død igaar Aftes. — Hvor er Deres Moder idag? — Min Moder er besværre meget syg. — Vor lille Søn er bestøværre meget svag; tidligere var han saa kraftfuld. — Er Deres Tjener en Svensker eller en Normand? — Han er hverken en Svensker eller en Normand, men en Dansk. —

31.

Det danske Sprog er vanskeligere end det engelske; men det tydske er et af de allervanskeligste europæiske Sprog. — Er det svenske Sprog smukt? — Ja, det svenske Sprog er meget velklingende; men det er ikke saa rigt som det tydske. — Er Deres Tjener en Franskmand? — Nei, han er en Hollænder. — Tale Deres Døtre Tydsk eller Dansk? — De tale begge Sprogene ganske flydende. — Hvorfor bringer De os ikke et større Bord? — Fordi jeg kun har dette lille Bord. — Gamle Tjenere ere sædvanlig de bedste og troeste. — Jeg spørger Dig: er din Faber endnu syg? — Ja, des= værre er min gode Faber endnu meget svag. — Hvormange Sprog taler denne General? — Han taler flydende fem Sprog: Fransk, Engelsk, Tydsk, Hollandsk og Dansk. — Er Snoren god? — Nei, den er for kort. — Ere Æblerne gode? — Nei, thi de ere altfor (ober: for) sure. — Er De hjemme om Formiddagen? — Sædvanlig er jeg hele Formiddagen hjemme; men undertiden gaaer jeg til mine Søskende. — Naar kommer Tydskeren til Dem? — Ellers kommer han altid Kl. elleve eller tolv. — Hvor er Fuglen? — Her er den; giv den et Stykke Sukker. — Taler Deres Ven Fransk?

— Han taler baade Franſk og Engelſk. — Hent mig de to ſmaa Puder. — Jeg ſeer blot een Pude. — J Frankrig er der mange Ulve. — Hvor er den engelſke Opvarter? — Denne Opvarter er ingen Englænder, men en Danſk. — Hvor er den lille Pude? — Her er den. — Giver Du den fattige Kone Smør? — Jeg giver hende enten Brød eller Smør. — Giver De Hunden Brød? — Nei, jeg giver den Kjød. — Hent mig den lille Blikdaaſe. — Her bringer jeg den. — Send mig min Silkekaabe. — Jeg har ikke Kaaben; Deres Tjeneſtepige har den. — Skammer Svenſkeren ſig? — Nei, han ſkammer ſig ikke. — Undertiden er Maanen ganſke lille. — Man er ſig ſelv nærmeſt. —

32.

Kommer De ſnart? — Ja, nu kommer jeg, min Herre. — Hent mig et Glas Vand. — Vandet er her meget daar= ligt. — Ere Hattene ſmukke? — Ja, de ere virkelig meget ſmukke. — Jeg kjøber mig et Par nye, gule Handſker. — J September er det undertiden endnu meget varmt; men Marts er ſædvanlig en meget kold Maaned. — J Norge er det ſædvanlig koldere end i Danmark. — Faderen giver ſin Søn en Kniv. — Er Deres yngſte Broder ikke tretten Aar gammel? — Nei, han er næppe (ober: knap) elleve Aar gammel. — Er De ſulten? — Nei, ſulten er jeg ikke, men tørſtig er jeg. — Har De mine ſorte Handſker? — Nei, jeg har dem ikke. — Har Deres Gjenbo mange Træer? — Ja, han har mange, ſmukke Træer. — Vor Have er mindre, men ſmukkere end eders. — Hvor er Deres Morbroder idag? — Min gode Morbroder er beſtoværre ſyg ſiden igaar. — Jeg giver vor fattige Nabo et Brød og et Stykke Fleſk. — Hvor er eders Moder? — Vor Moder er endnu i vor Na= boes Have. — Hvor er den tydſke Vævers Broder? — Hans Broder er paa Veien til Grækenland. — Vor gode Dronning var allerede for fjorten Dage ſiden meget ſyg. — Er Deres Pen god? — Nei, den er meget daarlig. — Hvor er Deres gamle Gartner? — Vor Gartner er idag paa Landet. — Hvor vare dine Søſtre iaftes? — De vare begge to paa

Theatret (eller: paa Komedien). — Af Aarets tolv Maaneder er Januar sædvanlig den koldeste Maaned, og Juli den varmeste. — Norge er større end Danmark; men dets Hovedstad er mindre end Danmarks Hovedstad. — Er Dronningen virkelig ældre end Kongen? — Ja, det er ganske rigtigt: hun er idetmindste to Aar ældre end sin Mand. —

33.

Er Deres Gartner en Franskmand eller en Dansk? — Han er hverken en Franskmand eller en Dansk, men en Tydsker. — Deres Kone har Uret; men vi have Ret. — Denne unge Pige er knap et Aar i Danmark, og hun taler allerede flydende Dansk. — Opvarter! bring os tre Kopper The. — Vi have ingen The. — Giv os noget Brød, Smør, Ost og en Flaske Øl. — Ere mine Støvler maaskee der? — Nei, her ere dine Støvler ikke. — Ellers var det ganske rigtigt. — Din yngste Broder var allerede i Formiddags hos mig. — Gaaer De iaften paa Komedie? — Nei, jeg var først igaar Aftes paa Komedien. — Var Deres ældste Søster ikke iforgaars i Theatret? — Nei, iforgaars var hun paa Koncert. — Gaaer Du nu hjem? — Nei, jeg gaaer først paa Apotheket; min lille Søster er nemlig desværre meget syg. — Naar var De i Kjøbenhavn? — Jeg var der for omtrent syv Uger siden. — Siden iforgaars boe vi paa Landet. — Ere de tre hvide Ænder vores? — Nei, de ere ikke vores. — Moderen giver sin lille Søn en Kage. — Hvorfor gaaer De idag ikke paa Koncert? — Fordi jeg ikke har Penge. — Hvor var Ilden i Eftermiddags? — Hos vor Gjenbo, Snedkeren. — Kommer De maaskee til os iaften? — Nei, iaften gaaer jeg paa Komedie. — Boer Deres Familie ikke snart et heelt Aar i London? — Nei, min Familie boer næppe syv Maaneder i London. — Har De Ild? — Nei, jeg har ingen Ild. — Kommer Deres Ven snart hjem? — Min Ven er nu paa Landet. — Ere Fuglene vores? — Ja, de ere vores. — Var Du sulten? — Nei, jeg var hverken sulten eller tørstig. — Denne Gjerning var meget ædel. — Seer Du denne Kat? — Ja, dens Kløer ere usædvanlig store. — Den stakkels Mand! Hans eget Barn er ham ikke tro. —

34.

Sover De endnu? Det er allerede ganske lyst. — Jeg har ikke sovet hele Natten. — Min Moder har søgt Eder overalt (ober: allevegne); hvor vare I? — Vi vare et Par Timer i Naboens Have. — Søger De om (ober: efter) Deres Handsker, min Ven? — Ja, jeg seer dem ikke. — De ligge paa det lille, grønne Bord. — Er De tilfreds med Deres nye Tjener? — Nei; thi han er hverken flittig eller tro. — Søger De efter Deres Stok eller efter Deres Hat? — Jeg søger hverken efter min Stok eller efter min Hat, men efter mine hvide Handsker. — Ere I tilfredse med eders nye Stuepige? — Ja, vi ere tilfredse med hende; idetmindste er hun tro. — Have disse Kjøbmænd Penneknive at sælge? — Ja, de have mange Penneknive. — En saadan (ober: saadan en, ober: en slig, ober: slig en) Troskab er virkelig sjelden. — Isak havde to Sønner: den ældste hed Esau, den yngste Jakob; hiin var Faderens Yndling, denne Moderens Yndling. — Er Theatret i Dresden smukt? — Theatret i Dresden er ikke blot det smukkeste tydske Theater, men maaskee et af de smukkeste i hele Europa. — Min Længsel var større end mine Søskendes. — Den første Dag i Ugen hedder Søndag, den syvende og sidste: Løverdag. — Jeg har igjen (ober: atter) det samme Værelse. — Vor Gartner er allerede tre og halv= fjerdsindstyve Aar gammel; men han er endnu en kraftfuld Mand. — Er denne Opgave vanskelig? — Nei, den er meget let. — Kjøbmanden har solgt os dette Glas. — Jeg spørger Eder: hvor boer denne gamle, ulykkelige Kone? — Hun boer hos sin Datter. — Disse to Træer ere ikke saa grønne som hine. — Et saadant godt Menneske elsker jeg. — Elsk dine Forældre og dit Fædreneland (ober: Fædreland, ober: Føde= land)! — Saadanne Venner elske vi. — Denne Kone elsker ikke engang sit eget Barn; slig en Moder er hun! — Denne Vei er virkelig meget kort. — Giv mig endnu engang de samme Bøger. — Saadan en Pennekniv er meget billig. — Hvilket er Deres Fædreneland? — Mit Fædreland hedder Danmark. — Den første romerske Keiser hed Augustus, den sidste: Romulus Augustulus. —

35.

Er Deres Datter syg? — Ja, hun er igjen meget syg. — Hvorfor kommer Du ikke mere til os? — Forbi jeg ikke har Tid. — Hun har givet mig dette lille Stykke Brød. — Denne franske Tjener var os ofte utro. — Han er nu ikke mere i sit Fædreland; thi han boer i Holland. — Den hele Formiddag var Veiret idag meget daarligt. — Hvor var Du i Eftermiddags? — Jeg var hos min Fætter. — Har De seet Solvuhret, [som] jeg har kjøbt? — Nei, jeg har ikke seet det. — Manden, som (eller: hvem) jeg har givet Bogen, er nu i Paris. — Hvilken Stok er Deres? — Jeg har ingen Stok. — Beklagelses= værdig er det Menneske, som aldrig er tilfreds med sig selv. — Den gamle, fattige Kone, som endnu igaar Aftes var hos os, er død imorges. — Er denne Pennekniv Deres? — Nei, den tilhører min yngste Søster. — Hvilken Have tilhører Dem? — Den lille Have med de fem smukke Træer er vores, men den anden er vor Naboes. — Taler denne Herre ikke Engelsk? — Nei, han taler enten Dansk eller Svensk. — Den samme Fyrste, der herskede over Sachsen, var ogsaa Konge i Polen. — Det Menneske, hvis Børn aldrig ere flit= tige, er beklagelsesværdigt; men endnu mere beklagelsesværdig er den, som selv ikke er flittig. — Hvad er Klokken nu? — Det er Middag. — Komme mine kjære Forældre ofte til Dem? — Nei, de komme meget sjelden til os. —

36.

Naar reiser De? — Jeg reiser ikke; thi jeg er for svag. — Hvor er den lille Dreng, hvis Fader er død? — Han er paa Landet. — Her er den tykste Kjøbmand, af hvem jeg har kjøbt min Guldring. — Er Mureren hjemme? — Han lig= ger endnu; thi han er syg. — Er Grossereren, som ifor= gaars var hos din Fætter, en Tydsker? — Nei, han er en Dansk. — Ere disse Tulipaner vores? — Nei, de tilhøre vor Gjenbo. — I disse Skove er der mange Bøge. — Den store, røde Bygning, De der seer, er et Fængsel. — Hvo,

som siger dette, har Uret. — Sover De endnu? — Klokken
er næsten otte. — Hvor ere mine Briller? — Jeg har lagt
dem paa Bordet. — Lægger Du min Hat paa Bordet? —
Nei, jeg lægger den paa en Stol. — Kommer Du tør hjem?
— Nei, jeg er ganske vaad. — Naar er De hjemme? —
Imellem (oder: mellem) Klokken ti og tolv er jeg næsten altid
hjemme. — Du, som er saa rig, giver de Fattige Intet! —
Jeg var idag alt tre Gange hos Dem. — Gaaer De nu
til Kræmmeren? — Nei, jeg gaaer til Grossereren. — Hvad
vi have kjøbt, var meget dyrt. — Sælger denne Kjøbmand
ogsaa Ost? — Nei, Ost har han ikke. — Sælger De mange
Handsker? — Ja, jeg sælger mange Handsker. — Har De
idag seet den tydske Tømmermand? — Nei, jeg har ikke seet
ham siden iforgaars. — Hvad jeg har sagt, var rigtigt. —
Ere Deres Klæder nu tørre? — Nei, de ere endnu ganske
vaade. — Fyrstens Yndling havde søgt Dem overalt; men De
var ingenstebs at see. —

37.

Hvo (oder: hvem) er der? — Det er mig. — Hvilken
Frakke har Bageren solgt? — Bageren har solgt sin blaae
Frakke. — Hvad er din Fader? — Min Fader er Guld=
smed. — Hvad søger De om, min kjære Ven? — Jeg søger
om mit lille Speil. — Jeg seer ikke noget Speil. — Hvis
Fugl er denne? — Fuglen tilhører mig. — Hvad Deres
Datter har sagt, er ganske urigtigt. — Hvem havde sagt
Dem det? — Det var ikke os. — Hvis Hatte ere disse?
— Hattene tilhøre min yngste Søster. — Hvad har Du
igjen kjøbt af Hattemageren? — Jeg har kjøbt en graa Hat.
— Har De maaskee lidt Brød eller Ost? — Jeg har hver=
ken Brød eller Ost. — Hvo har kjøbt disse stygge Hand=
sker? — Den tydske Kobbersmed har kjøbt dem. — Hvem
kommer der? — Det er os. — Hvo havde bragt Dem begge
Brevene? — Vor Nabo, Handskemageren. — Har Maleren
endnu mange Malerier? — Han har endnu fem og tyve. —
Have Deres Døtre ellers endnu mange Bøger? — De have
Bøger nok. — Kan din yngste Broder allerede skrive? —

Nei, skrive kan han endnu ikke, men læse kan han. — Har Skrædderen allerede bragt min Frakke? — Nei, men Deres Kjole har han bragt. — Har De sagt det? — Nei, Uhr= mageren har sagt det. — Har De ikke seet mine sorte Hand= sker? — Nei, jeg har ikke seet dem. — Bring mig en Kop Kaffe. — Vi have ikke Kaffe. — Hvo har skrevet disse Breve? — Kobbersmeden har skrevet dem. — Fra hvem er dette Brev (ober: hvem . . . fra?)? — Det er fra min Moster. —

38.

Har De endnu Bogen? — Ja, jeg har den; det er en meget nyttig (ober: gavnlig) Bog. — Hvilket Land er det største i Europa? — Det største europæiske Rige hedder Rusland. — Har Deres Farbroder endnu det lille, smukke Speil? — Nei, han har solgt det. — Jeg har ofte nok sagt Dem det. — Har De endnu den samme Daase? — Nei, jeg har en anden. — Opvarter! bring os et Glas Viin og et Glas Vand. — Har Du givet Bageren Brødkurven? — Jeg har ikke seet Brødkurven. — Er det Øl, vi have kjøbt, saa dyrt som Deres Onkels? — Nei, det er billigere. — Hvor er Deres gamle, svenske Tjener? — Han er nu i sit Fødeland. — Sælger Deres Ven Viin? — Ja, han kjø= ber og sælger altid Viin. — Hvis Hest havde De iforgaars? — Iforgaars havde jeg Bagerens Hest; men idag har jeg min egen. — Er dette Øl godt? — Nei, det er meget daar= ligt. — Hvorfor vilde De ikke gaae med os? — Fordi vi ikke havde Tid. — Jeg spørger Dem: hvor er mit Sølvbæger? — Det kan jeg ikke sige Dem. — Hvem tilhører denne Træskee? — Den tilhører min ældre Broder. — Hvorfor vare I ikke hos os? — Jaktes vilde vi komme til Eder; men vi kunde ikke gaae; thi vore kjære Forældre vare besto= værre syge. — Vil De allerede gaae hjem? — Ja, vi ville gaae; thi det er allerede seent: Klokken er tre Qvarteer til ni. — Til hvem vil Du bringe dine Bøger? — Til vor Gjenbo, Hattemageren. —

Naar vilde Du gaae til din Fætter? — Jeg vilde ikke gaae til min Fætter. — Var Deres Fader igaar hos Handske=mageren? — Igaar kunde han ikke gaae: han havde nemlig ikke Tid. — Er denne Skomager en Dansk? — Nei, han er en Tydsker; men han er alt otte Aar i Danmark. — Hvormange Hatte har den franske Hattemager endnu? — Han har endnu syv og halvtredsindstyve. — Har denne Guld=smed mange Penge? — Ja, han er en rig Mand. — Har De maaskee allerede læst den nye Bog? — Nei, jeg har endnu ikke læst den. — Er det Dig, Frederik? — Ja, det er mig. — Hvor er Normanden, hvem Du har kjøbt dine Sølv=briller af? — Han er nu i sit Fædreneland. — Jeg seer ikke det lille Bord, hvorpaa jeg har lagt min Guldring. — Naar har De kjøbt disse smukke Glas? — Jeg har kjøbt dem for omtrent en Maaned siden. — Hvor er den svenske Grosserer? — Han er nu hos sine Slægtninge i Gothenborg. — Hvor ligger denne Stad? — Den ligger i Sverrig. — Hvormange Værelser har Fyrsten? — Han har Værelser nok. — Hvad har Du givet den fattige Kobbersmed? — Jeg har givet ham lidt Kjøb. — Hvormange Opgaver har De skre=vet? — Jeg har allerede skrevet otte og tredive. — Søger Du efter Ølglassene? — Nei, jeg søger efter de to smaa Flasker. — Søger De om den røde Snor? — Nei, jeg søger om mit blaae Baand. — Deres blaae Baand har jeg lagt paa en Stol i det grønne Værelse. — Have J virkelig sagt det? — Ja, vi, som selv have seet det, have sagt det. —

40.

Har Nogen mine Støvler? — Ingen har dem. — Har Deres Bager min Fugl eller Deres? — Han har ikke min, men sin egen Fugl. — Har De mange Knive? — Jeg har kun nogle. — Hvilke Baand har Du? — Jeg har de blaae og grønne. — Have vi Blæk nok? — Vi have noget. — Hvormange Gafler vil Deres Tjener kjøbe? — Han vil kjøbe tre. — Mangen (oder: mangen en) Rig er ulykkelig, men

mange Fattige ere lykkelige. — De tre Brødre søge hver=
andre. — Hvem boer i eders Huus? — Ingen. — Hvilke
Heste sælger De? — Jeg sælger alle de Heste, jeg har
her. — I hvilket Værelse er De sædvanlig? — Jeg er
sædvanlig i det, som har de store Vinduer. — Hvilken Pen
har Du? — Jeg har ingen. — Har denne Maler mange
Malerier? — Ja han har særdeles (oder: overmaade, oder:
saare) mange. — Begge Fjenderne have givet hinanden Haan=
den. — Havde De allerede skrevet Brevet? — Nei, jeg havde
endnu ikke skrevet Brevet. — Der gives saare mange Men=
nesker, som ere beklagelsesværdige. — Elsk dine Forældre og
dit Fædreneland! — Har Snedkeren endnu mange Stole?
— Ja, han har overmaade mange. — Bruger Deres Broder
endnu mit Speil? — Min Broder har ikke Deres Speil. —
Behøvede De ikke en ny Hat? — Nei, jeg behøvede ingen;
thi jeg havde tre Hatte. — En Dag har fire og tyve Timer,
og hver Time har tredsindstyve Minuter. — Hvem har De
kjøbt denne smukke Guldkjede af? — Jeg har kjøbt den af
min Fætter, Guldsmeden. — Hvad spiser De? — Jeg spiser
Flesk. — Har De allerede spist? — Idag have vi allerede
spist Klokken tolv. — Jeg kan ikke spise saa tidlig. — I
Tydskland ere Fiskene sædvanlig ikke saa gode som i Danmark,
Norge og Sverrig. —

41.

Hvo har kaldt paa mig? — Deres Moder kalder paa
Dem. — Paa hvem har De kaldt? (oder: hvem har De
kaldt paa?) — Jeg kaldte ikke. — Har De Viin nok, mine
Herrer? — Vi have særdeles megen Viin. — Har De alle=
rede Deres nye Sølvuhr? — Ja, Uhret har jeg, men endnu
ikke Kjeden. — Hvor boer der en Smed? — Her boer der
ikke nogen Smed; men i den næste Landsby boer der flere
Smede. — Hvem tilhører denne smukke Uhrkjede? — Den
tilhører min ældste Broder. — Min yngste Broder er vore
Forældres Yndling. — Kaldte Deres Onkel paa mig? —
Nei, paa Dem har han ikke kaldt, men paa Deres Søster,
— Er dette Blækhuus dyrt? — Nei, jeg har kjøbt det meget

billigt. — Dette Menneske er aldrig her, naar vi behøve ham.
— Hvo skriver Deres Breve? — Jeg skriver dem altid selv.
— Har din Søster blot skrevet dette Brev? — Nei, hun
har skrevet tre eller fire. — Er denne Hund Dem tro? —
Dette Dyr, som jeg allerede har ti Aar, var mig endnu
aldrig utro. — Alle Stadens Beboere vare meget bedrøvede,
fordi baade Kongen og Dronningen vare syge. — Vort store
Værelse er nu ganske tomt. — Sælge disse Hattemagere
mange Hatte? — Den ene sælger saare mange; thi hans
Hatte ere sædvanlig saavel gode som billige; men alle de andre
sælge kun faa, fordi deres Hatte baade ere daarlige og dyre.
— Hvor gammel er din Fader? — Min Fader er syv og
halvtredsindstyve Aar gammel. — Og din Moder? — Hun
er omtrent otte Aar yngre end min Fader. — Hvorfor spise
og drikke I ikke? — Fordi vi allerede have spist og drukket
hjemme. —

42.

Er det nyttigt at have mange Venner? — Det er idet=
mindste bedre end at have mange Fjender. — Hvormange
Nøgler har Du? — Jeg har syv Nøgler, nemlig to store
og fem smaa. — Er denne Handskemager Deres Fjende? —
Han er hverken min Fjende eller min Ven. — Der gives
mange Mennesker, som aldrig ere tilfredse. — Hvem var der?
— Vi vare der. — I denne Landsby boer der flere Kobber=
smede, men kun en eneste Guldsmed. — I Frankrig gives
der overmaade mange Ulve. — Hvor er min Nøgle? —
Stuepigen har lagt den paa det lille Bord. — Hvem taler
De om? — Vi tale om den danske Udenrigsminister. —
Hvorlænge var De i Norge? — Jeg var der næsten fem
Maaneder. — Hvor ofte var den franske Professor hos Dem?
— Han var tre Gange hos os. — Hvor stor er eders nye
Vogn? — Den er noget større end din. — Hvormange
Miil kan De gaae i een Dag? — Imellem tre og fire. —
Send mig et stort Blækhuus og lidt rødt Blæk. — Hvor=
længe var De hos Generalen? — Jeg var næsten en heel
Time hos ham. — Kommer De ofte til Deres Børnebørn?

— Nei, meget sjelden; thi jeg er i den sidste Tid besværre meget svag. — Drikker De ikke Øl? — Nei, jeg drikker aldrig Øl. — Hent mig noget Smør. — Hvor ofte var De hos den tydske Kræmmer? — Jeg var kun en eneste Gang hos ham. — De fleste Fjender har man ofte i sit eget Fødeland. — Man har kaldt paa Dem. —

43.

Giv mig den smukke Blomst. — Denne Blomst tilhører ikke mig. — Hvilken er den smukkeste Maaned i Aaret? — Mai er sædvanlig den smukkeste Maaned i hele Aaret; men undertiden er April endnu smukkere. — Bring mig nogle Æbler og Pærer. — Jeg har hverken Æbler eller Pærer. — Guld og Sølv ere ædle Metaller. — Dette Bord er større og bedre end Deres. — Ulven og Ræven ere Rovdyr. — Absalon var den smukkeste, men ikke den bedste af Davids Sønner. — Hvor ere Deres Datters Snore? — Min Datter har ingen Snore. — Hvor ere begge dine Brødre? — Begge mine Brødre ere nu paa Landet. — Hvor boe nu Deres Slægtninge? — Alle mine Slægtninge boe nu i Kjøbenhavn; blot min yngste Søster boer i Gothenborg. — Christiania, Norges Hovedstad, har kun omtrent fem og tredive Tusinde Indbyggere; Stokholm, Sverrigs Hovedstad og Rigets største Stad, har over hundrede Tusinde Indbyggere. — Hvorfor spiser og drikker De Intet? — Forbi jeg hverken er sulten eller tørstig. — Har den tydske Pige smukke Tænder? — Ja, hendes Tænder ere smukke, men hendes Hænder ere store og røde. — Naar var min Morbroder hos Dem? — Han var Klokken halv fem hos mig. — Hvilken Farve har Deres nye Silkekaabe? — Min nye Kaabe er lyseblaa. — Disse Bønders Dumhed er virkelig meget stor. — Hvor ere mine Skoe? — Imorges havde Tjenestepigen Deres Skoe. — Hvo havde mine Tøfler? — Stuepigen havde dem. — Er din Hat graa? — Nei, den er blaa. — Opvarter! bring os et Par Flasker Viin, noget Brød, Smør og Ost. — Mig kan De bringe en Kop Kaffe. —

44.

Hvorfor gaaer De allerede? Det er endnu tidligt. — Nei, det er alt meget silbigt; Klokken er ni. — De har Uret: Klokken er endnu ikke otte. — Ere disse Bygninger smukke? — Disse to Bygninger ere de allersmukkeste i hele Byen. — Er min Søn flittig? — Nei, han er en meget doven Dreng; men Deres Datters Flid er virkelig stor. — I denne lille By er der kun saa rige Beboere; de fleste ere meget fattige. — Har denne engelske Student mange Kundskaber? — Ja, denne unge Mand har virkelig særdeles mange Kundskaber. — Var det franske Skib smukt? — Ja, det franske Skib var smukt, men det hollandske var endnu smukkere. — Er Deres danske Tjener tro og flittig? — Ja, min Herre, min Tjeners Troskab og Flid er stor. — Er der mange Bøge i denne Skov? — Ja, denne Skov har ikke faa Bøge. — Er Deres Gjenbo, Handskemageren, en Thydsker? — Nei, han er en Dansk. — Hvormange Sprog taler Deres Ven, Professoren? — Han taler flydende sex Sprog, nemlig: Fransk, Hollandsk, Tydsk, Engelsk, Dansk og Svensk. — Søger De efter Deres Kniv eller efter Deres Gaffel? — Jeg søger hverken efter min Kniv eller efter min Gaffel, men efter min Skee. — Deres Skee har jeg lagt paa Bordet. — Ligger De endnu? — Ja, jeg ligger endnu; thi jeg er desværre meget syg siden igaar. — Var Uhrmagerens Søn idag flittig? — Nei, hans Søn var idag meget doven og kaad. — Denne lille Rose, De her seer, er den smukkeste og meest vellugtende af alle mine Blomster. — Var min yngste Broder allerede idag hos Dem? — Ja, Deres Broder var allerede imorges Klokken otte hos mig. — Hvad vilde han saa tidlig hos Dem? — Det kan jeg ikke sige Dem. —

45.

Naar have vi de længste Dage? — I Juni ere Dagene længere end Nætterne; i December ere Dagene kortere end Nætterne. — I Danmark er April sædvanlig en smuk Maaned; Mai er undertiden endnu meget kold. — I December

er Kulden sædvanlig større end i November. — Er De tilfreds
med Deres Stuepige? — Nei, jeg er ikke tilfreds med hende;
thi hun er ikke flittig nok. — Hvor ere Æggene? — Æggene
ligge i Kurven. — Gaaer Du iaften paa Komedie? —
Nei, jeg gaaer paa Koncert. — Er Deres Moder en gam=
mel Kone? — Min Moder er omtrent tredsindstyve Aar
gammel. — Mellem Hannover og Gøttingen er der omtrent
fjorten Miil. — Lægger De Deres sorte Hat paa Stolen?
— Nei, jeg lægger min Hat paa Bordet. — Oskar den
Første var over femten Aar Konge i Sverrig og Norge,
nemlig fra Marts 1844 til Juli 1859. — Hvad hedder
Kongen af Danmark? — Nu er Frederik den Syvende dansk
Konge. — Var det koldt igaar? — Nei, igaar var det
meget varmt. — Er denne Væver en Franskmand? — Nei,
han er enten en Englænder eller en Hollænder. — Hvor
ere Deres Børn? — Saavel begge mine Sønner som begge
mine Døtre ere nu i Hamborg. — Hvor er Opvarteren?
— Der kommer han. — Hvor var Ilden i Eftermiddags?
— Hos vor Nabo, Gartneren. — Var min ældste Broder
maaskee hos Dem idag? — Deres ældste Broder var hos
mig igaar Aftes mellem Klokken ni og ti. — Taler denne
Franskmand Tydsk? — Han taler ikke flydende Tydsk; min
Fætter, Svenskeren, taler bedre Tydsk. — Ere begge Puderne
og Lagenet hvide? — Ja, nu ere de ganske hvide. —

46.

Hvor er Tyven? — Man har søgt ham overalt; men
han var ingensteds at see. — Sover De endnu? — Nei,
jeg sover ikke. — Var Kjøbet godt? — Nei, det Stykke
Kjød, De har givet mig, var meget daarligt. — Hvor gam=
mel er Deres ældste Søn? — Min ældste Søn er næsten
syv og tyve Aar gammel. — Søger De om Deres Guldring?
— Nei, jeg søger om mit Sølvuhr, som jeg først igaar har
kjøbt af den danske Uhrmager. — Hvor er min store Sax?
— Jeg har lagt den paa det lille Bord. — Taler denne
Grosserer Dansk? — Ja, han taler Dansk; men hans Fader
taler det mere flydende. — De fleste Rovdyr ere hæslige. —

Hvilken Dag er den længste i Aaret? — Den een og tyvende Juni er den længste Dag i Aaret. — Og hvilken er den korteste Dag? — Den een og tyvende December er den korteste Dag. — Er din Snor smallere end vores? — Nei, min Snor er bredere end Eders. — Har De en hvid eller en rød Ko? — Jeg har saavel flere hvide som røde Køer. — Have I Sukker nok? — Vi have for meget Sukker. — Har De Salt nok? — Vi have for lidt Salt. — Har jeg Ret eller ikke? — De har Ret, og Tømmermanden har Uret. — Søger De om Deres Hat eller om Deres Stok? — Jeg søger hverken om min Hat eller om min Stok, men om mine graae Handsker. — Hvem har De kjøbt dette Par Sølvbriller af? — Dette Par Sølvbriller har jeg kjøbt af vor Gjenbo, den tydske Guldsmed. — Om hvilken Hest søger Du? — Jeg søger om min egen Hest. — Spiser De ikke Gulerødder? — Nei, jeg spiser aldrig Gulerødder. — Gaaer De nu i Dyrehaven? — Nei, jeg gaaer nu paa Apotheket. — Er Fyrsten gavmild? — Ja, han er altid meget gavmild. — Reiser De til Tyrkiet? — Nei, jeg reiser til Italien og maaskee ogsaa til Grækenland. — Hvor var Deres yngste Søn iaftes? — Han var paa Børneballet hos min Ven og Nabo Snedkeren. — Hent os et Par Spegesild. —

47.

Hvad har De kjøbt? — Jeg har kjøbt et Pund Ost og en Snees Æg. — Hvormange Knapper har Du? — Jeg har næsten syv Dusin. — Har Bonden mange Ænder og Gæs? — Bonden har otte og tredive Ænder og sex og tyve Gæs. — Hvor ere mine Guldbriller? — Her ligge Stængerne; men Glassene seer jeg ikke. — Hvor er vort Lys? — Vi have intet Lys; men Lysestagen er her. — Hvad har den gode Moder givet den lille Dreng? — Hun har givet ham en Kage. — Have I mange Søm? — Nei, vi have kun faa Søm. — Seer Du denne lille Myg? — Nei, jeg seer ikke nogen Myg. — Have Bønderne mange Lam? — De have nogle Lam. — Hjortens Hurtighed er større end Hestens. — Hvor ere mine Handsker og min Stok? — De ere ikke her. — De har Ret: hverken mine Handsker eller min Hat ere her; men maaskee ligge de i det grønne Værelse. — Har Drengen min Pen? — Nei, han har ingen Pen. — Har Snedkeren endnu vort store Bord? — Nei, Snedkeren har blot vore to smaa Stole. — Det franske Sprog er mere velklingende end det hollandske. — Bring mig min Pen. — Jeg seer ikke Deres Pen. — Er denne Skrædder et flittigt Menneske? — Ja, min Ven, Skrædderen er meget flittig. — Min hele Familie boer nu i Kjøbenhavn; blot min ældste Søster er i Stokholm. — Er Hunden Dig tro? — Ja, denne Hund er mig et meget tro Dyr. — Hvorfor kommer De ikke til mig? — Jeg var igaar hos Dem; men De var ikke hjemme. — Naar var De hos mig? — Imellem halv og tre Qvarteer til otte. — Er Himmelen idag blaa? — Himmelen er idag ganske graa. — Din yngste Søn er et meget snu Barn. — Hvor ere Deres smukke Handsker? — Jeg seer ikke mine Handsker. — Taler din Onkel Engelsk? — Han taler tre Sprog, nemlig: Tydsk, Engelsk og Dansk. — Jeg taler bedre Fransk end Hollandsk. — Hvilke europæiske Sprog ere de meest velklingende? — Italiensk, Spansk og Svensk ere de tre smukkeste og meest velklingende Sprog. — Min ældste Søn er nu desværre meget svag; tidligere var han meget kraftfuld. — Er Vinen god? — Denne Viin er altfor sød. — Den unge beskedne Pige var iforgaars hos min Tante. — Min engelske Tjener var mig altid meget tro. — Menneskene ere ikke altid tilfredse. — Have vi ikke idag den nittende? — Nei, idag er det den tyvende. — Deres Søsters Silkehat er meget smuk. — Giv mig et Stykke Brød. — Jeg har intet Brød. — Er Æblet sødt? — Nei, det er meget suurt. —

48.

Hvorfra kommer De? — Jeg kommer fra Theatret. — Hvor vare I igaar Eftermiddags? — Vi vare paa Koncert. — Har De været sulten eller tørstig? — Vi have hverken været sultne eller tørstige. — Naar kommer De til mig? — Jeg skal nu gaae med Dem. — Hav den

Godhed at give mig min Fløielsvest. — Her er slet (ober: aldeles) ingen Vest. — Det Bedste er at være ærlig og redelig. — Hvorlænge havde De havt den franske Tjener? — Vi havde kun havt ham omtrent fjorten Dage; thi han var hverken ærlig eller flittig. — Børn! I ere ikke flittige og opmærksomme nok. — Kan vor Nabo virkelig tale Thrkisk? — Ja, vor Nabo taler ganske flydende Thrkisk. — Hvor= længe har denne Barbeer været i Frankrig? — Han har været tre Aar i Frankrig. — Er De hjemme Klokken ti? — Idag er jeg allerede hjemme Klokken halv ni. — Har De allerede hentet mine Skoe fra Skomageren? — Jeg har endnu ikke havt Tid; men jeg skal nu hente dem. — Hvad har De kjøbt? — Jeg har kjøbt et Dusin Strømper. — Hvor har Du været igaar Aftes? — Jeg var paa Bal hos vor Gjenbo, den danske Læge; men det var et meget kjede= ligt Bal. — Hvad har Skrædderen bragt? — Han har bragt Dem en Silkevest og mig et Par graae Beenklæder. — Hvor har De været? — Jeg har hentet Lægen; min ældste Søster er nemlig syg; hun har ondt i Hovedet og Maven. — Hvis Frakke har Pigen hentet? — Pigen har hentet Deres yngste Søns Frakke. — Hvad har Du kjøbt af Kræmmeren? — Jeg har kjøbt en Alen rødt Fløiel. —

49.

Hvorfor drikker De ikke? — Fordi jeg allerede i For= middags har drukket en heel Flaske Viin. — Er denne Læge en Dansk eller en Thydsker? — Han er hverken en Dansk eller en Thydsker, men enten en Normand eller en Svensker. — Hvorhen gaaer De? — Jeg vil hente Barberen. — Vil De hente mig noget Sukker? — Hvormeget? — Et Pund. — Drikker De ikke Kaffe? — Nei, jeg drikker enten Chokolade eller Thee. — Hvo kalder paa mig? — Deres Moder har kaldt paa Dem. — Jeg har ikke hørt det. — Hvad siger De? — Jeg kan ikke høre. — Hørte Deres Brødre os imorges? — De hørte ikke Noget. — Jeg hører, De vil reise til Brunsvig? — Ja, jeg reiser iovermorgen. — Kommer De nu fra Dyrehaven? — Nei, jeg kommer hjemmefra. — Er det let at skrive et godt Brev? — Nei, det er meget vanskeligt at skrive et godt Brev. — Hvilken Farve har din Datters Hat? — Den er lyseblaa. — Kan den Herre, som boer i Deres Huus, tale Dansk? — Nei, han taler blot Fransk, Engelsk og noget Tydsk. — Hvem tilhøre de smaa Bøger, som ligge paa Bordet? — De tilhøre min Fætter, Handskemageren. — Hvilket er det frygtsomste Dyr? — Haren er det frygtsomste Dyr. — Hvorfor kom den unge Læge iforgaars ikke til os? — Fordi han havde ondt i Tænderne. — Den danske Student, der i Efter= middags var hos os, har meget daarlige Øine; han læser for meget. —

50.

Har De igjen kjøbt Noget? — Jeg har kjøbt et Dusin Penne. — Hvem har De kjøbt Pennene af? — Jeg har kjøbt dem af Smeden. — Kommer Snedkeren snart? — Snedkeren kommer imorgen. — Hvor har Du været hele Tiden? — Jeg var hele Tiden i vor Skolelærers Have. — Ere Strømperne gode? — Strømperne ere for korte. — Er Deres Søn syg? — Han har ondt i Maven. — Hvorfra kommer De? — Jeg var paa Apotheket. — Har Englæn= deren et langt Skjæg? — Ja, han har et stort, sort Skjæg. — Har De endnu nogle Baand? — Nei, jeg har slet ingen Baand. — Vær saa god at hente mig nogle Glas. — Vi have ikke et eneste Glas. — Er denne Mand samvittigheds= fuld? — Nei, han er ikke meget samvittighedsfuld. — Børn! værer opmærksomme. — Hvad søger De efter? — Jeg søger efter min Sølvdaase. — Hvorfor var De iaftes ikke hos Grosfereren? — Fordi jeg havde ondt i Hovedet. — Har De endnu ikke hentet den lille Sax? — Nei, jeg har endnu ikke havt Tid. — Hvad har Bonden solgt Dem? — Han har solgt mig nogle Pund Ost og tre Snese Æg. — Dette var ikke meget morsomt. — Hvem har De talt om? — Vi have talt om Deres Ven, den tydske Læge. — Vær tro og redelig! —

51.

Naar kommer Enkemanden til Dem? — Han kommer strax. — Hvorfor gaaer De allerede? — Vi maae gaae hjem; thi vor yngste Datter er syg siden igaar Eftermiddags. — Hvorfor vilde De ikke gaae med os? — Forbi jeg havde flere Breve at skrive. — Komme mine Søskende tit til Deres Forældre? — Deres Søskende komme engang imellem til vore Forældre. — Har De allerede solgt Noget idag? — Nei, idag har jeg slet ikke solgt Nogenting. — Bruger Du ikke dit Fingerbøl? — Engang imellem bruger jeg Fingerbøllet. — Er min Slobrok der? — Deres Slobrok er der, men Deres Tøfler seer jeg ikke. — Har De idag spist Gulerødder? — Nei, jeg spiser aldrig Gulerødder. — Hvorfor vilde De igaar Eftermiddags slet ikke drikke Noget? — Forbi jeg havde drukket hjemme. — Hvad har De kjøbt af Grossereren? — Jeg har endnu slet ikke kjøbt Nogenting af ham. — Hvad vilde De sige mig imorges? — Jeg vilde endnu sige Dem een Ting. — Har Du igaar været hos den norske Guldsmed? — Jeg gaaer ikke mere til denne Normand; thi han er et hovmodigt og egensindigt Menneske. — Hvem har sagt det? — Det var ikke mig, men Enken, som sagde det. — Har De ikke seet min Sypude? — Tjeneste= pigen har imorges havt Sypuden. — Er dette Forklæde nyt? — Nei, jeg har Forklædet siden Paaske. —

52.

Skulle vi idag gaae til Dyrehaven? — Idag har jeg ikke Tid; thi jeg maa skrive flere Breve. — Maa jeg spørge: sælger De maaske Bælter? — Nei, vi have ikke nogen Bælter. — Hvad har Moderen givet sin Søn? — Hun har givet ham et nyt, smukt Bælte. — Tilhøre disse Vogne Kongen? — Nei, Vognene tilhøre Dronningen. — Maa jeg spørge: boer der her en fransk Væver? — Nei, her boer der ikke nogen fransk Væver. — Vil De allerede gaae? — Ja, vi maae gaae hjem; thi det er allerede silbigt: Klokken er næsten tre Qvarteer til ti. — Kald engang paa Pigen.

— Pigen kommer strax. — Karoline! bring mig min Slob=
rok og mine Tøfler. — Hvem var hos Dem i Formiddags?
— I Formiddags var der en lærd, tydsk Professor hos os.
— Hvormange Lam har Bonden solgt? — Han har kun
solgt meget saa Lam. — Mangen Rig er hovmodig. — Hvem
har De kjøbt denne smukke Kobberkjedel af? — Jeg har
kjøbt den af min Nabo, Kobbersmeden. — Bruger De endnu
det lille Speil? — Nei, jeg skal sende Dem Speilet imorgen
eller iovermorgen. — Er den unge Enke endnu bedrøvet? —
Ja, undertiden er hun endnu meget bedrøvet. — Bruger
De ofte dette smukke, store Blækhuus? — Engang imellem
bruger jeg dette store Blækhuus; men sædvanlig bruger jeg
det lille. — Er denne Enkemand rig? — Ja, denne
Enkemand har overmaade mange Penge. — Hvor er min
Sølvpen? — Vi have allevegne søgt efter den; men den
var ingensteds. —

53.

Til hvem skrev De igaar Aftes? — Jeg skrev til min
ældste Broder i Kjøbenhavn. — Hvorlænge bliver Deres
Broder endnu i denne Stad? — Han bliver der endnu
nogle Maaneder. — Spiser De gjerne Spegesild? — Nei,
jeg spiser aldrig Spegesild. — Taler De Tydsk? — Jeg
taler hellere Dansk. — Hvor er Fuglen? — Fuglen er nu
i sin Rede. — Skriver De snart til Deres Forældre? —
Ja, vi maae snart skrive til vore kjære Forældre. — Gaaer
De med paa Theatret? — Jeg maa blive hjemme; thi jeg
er besværre syg. — Er eders Kjelder lys? — Ja, vor
Kjelder er meget lys. — Af hvem har Du kjøbt dette lille
Skab? — Dette Skab har jeg kjøbt af en tydsk Snedker.
— Turde Du ikke gaae paa Koncert iforgaars? — Nei,
jeg turde ikke gaae paa Koncert. — Du har selv villet det.
— Er denne General tapper? — Han er altfor forsigtig.
— Har De sagt det til Tømmermanden? — Nei, jeg har
slet ikke seet Tømmermanden. — Ere Fuglene i Reden?
— Nei, Reden er ganske tom. — Har De allerede været i
Kjøbenhavn? — Ja, jeg har været der for omtrent syv

Maaneder siden. — Har De ogsaa feet Kjøbenhavns smukke Taarne? — Ja, Kjøbenhavn har virkelig nogle meget smukke Taarne. — Hvor vare begge Nøglerne? — De vare i den lille Sæk (ober: Pose). — Var Fleſket godt? — Ja, det var virkelig fortræffeligt. — Hvor ere Bræderne? — Bræ= derne ere i Kjelderen. — Hvor var Tyven? — Tyven var paa Taget. — Tør Du ikke gaae med os? — Jeg kan ikke gaae med Eder, forbi jeg maa blive hjemme. — Er Fyrſten gavmild og tapper? — Ja, han er baade gavmild og tapper; men han er ogsaa meget ærgjerrig. —

54.

Hvem tilhører denne Stige? — Stigen tilhører vor Nabo, Bageren. — Har De allerede ſkrevet til Deres Børne= børn? — Nei, jeg har endnu ikke havt Tid; men jeg ſkriver maaſkee imorgen eller iovermorgen til dem. — Hvor var min Sypude? — Deres Sypude var i det grønne Skab. — Maa jeg spørge: er Profeſſoren hjemme? — Nei, nu er Profeſſoren ikke hjemme; han kommer ſædvanlig førſt hjem Kl. sex. — Er Øllet godt? — Ja, Øllet er fortræffeligt; men jeg drikker ikke gjerne Øl; jeg drikker hellere enten Viin eller Vand. — Er denne Ruſſer en redelig Mand? — Han er ikke meget ſamvittighedsfuld. — Naar reiser De til Dan= mark? — Jeg reiser snart til Danmark, maaſkee alt imorgen eller iovermorgen. — Hvorlænge vil De blive i dette Land? — Jeg bliver der nogle Uger. — Kan De Danſk? — Jeg kan noget Danſk; men min Fætter, der reiser med mig, taler det ganſke flydende. — Du har været meget uforſigtig, kjære Ven; en anden Gang maa Du være forſigtigere. — Hvem har De sagt det til? — Jeg har sagt det til min Moder. — Blev De ikke fjorten Dage i Brunsvig? — Nei, jeg kunde næppe blive der otte Dage. — Hvad er din ældſte Broder? — Min ældſte Broder er Maler. — Af hvem har De kjøbt denne smukke Vifte? — Denne Vifte har jeg for nogle Maaneder siden kjøbt af en tydſk Kjøbmand. — Var den dyr? — Ja, Viften var mig meget dyr. — Hvad hedder den Enkemand, der i Eftermiddags var hos Dem? — Han

hedder Frederik Hansen. — Du maa være flittigere og op=
mærksommere; hører Du, mit Barn? — Er Du ikke allerede
ni Aar gammel? — Nei, jeg er endnu næppe otte Aar
gammel. — Er Stigen bred? — Nei, Stigen er meget
smal. —

55.

Har min yngste Søn været flittig? — Han har den
hele Vinter næsten slet ikke arbeidet Noget; han har hverken
været opmærksom i Skolen eller flittig hjemme. — Hvorfor
have I dræbt disse Mænd? — Fordi de vare vore Fjender.
— Min lille Dreng! vær saa god at give mig et Glas
Melk. — Vi have ingen Melk, min Herre: vi have kun
Viin og Øl. — Regner det endnu? — Nei, nu regner det
ikke mere; men hele Formiddagen har det baade regnet og
sneet. — Er Blækket godt? — Dette Blæk er ikke sort nok.
— Naar gaaer De til den danske Uhrmager? — Jeg gaaer
paa Øieblikket (ober: om et Øieblik, ober: øieblikkelig) til
ham. — Viis mig engang Deres nye Silkekaabe. — Min
Kaabe er ikke ny; jeg har den allerede nogle Maaneder. —
Har De ikke seet mit Fingerbøl? — Jeg har seet det
imorges eller i Formiddags. — Børn elske ikke altid deres
Forældre. — Hvor er Blækhuset, som Deres Svoger har
givet Dem? — Min Svoger har ikke givet mig noget
Blækhuus. — Jeg takker Dem for Handskerne. — Hun
har ikke engang takket sin Fader for hans Godhed. —
Hvad tænker De om denne Historie? — Jeg har slet ikke
hørt Noget om hele Historien. — Hvorfor har Guldsme=
den hele Eftermiddagen ikke arbeidet Noget? — Fordi han
havde ondt i Tænderne. — Hvorlænge boede De i denne
Landsby? — Vi have boet i Landsbyen omtrent tre Aar.
— Det maa vist have været meget kjedeligt? — Ja,
det var virkelig meget kjedeligt. — En slig Godhed er
virkelig sjelden. — Din Søster viste mig igaar sin nye,
sorte Hat og sine smukke, hvide Handsker. — I Ægypten
regner det aldrig. — Dette Barn har dræbt sin egen
Fader. — Jeg søgte efter min Sølvuhrkjede. — Knud

den Store, som regjerede i Danmark fra Aaret tusind og atten til tusind og fem og tredive, erobrede en stor Deel af England, Norge og Sverrig. — Katharina den Anden lod sin Mand, Peter den Tredie, dræbe og herskede tre og tredive Aar over Rusland. — Hvem tilhører den Kuffert, der staaer i det grønne Værelse? — Kufferten tilhører min Svigersøn. — Er denne Snedker en duelig Mand? — Ja, han er meget duelig. —

56.

Søger, saa skulle I finde! — Cyrus erobrede Medien, Babylonien og flere andre Lande. — Begynder De at tale Dansk? — Ja, jeg kan allerede tale Noget. — De maa begynde med at læse det. — Naar har Deres Svigerinde været i Berlin? — Hun var der for fire Maaneder siden. — Hvilken Deel har De? — Jeg har den første og anden Deel, og min Datter har den tredie. — Jo sildigere De kommer, des mindre lærer De. — Har De allerede seet mine Svigerforældres smukke Have? — Det er sandt: Ha= ven er virkelig meget smuk; jeg har seet den for nogle Dage siden. — Har De alt været længe (ober: i lang Tid) her i Kjøbenhavn? — Nei, jeg har næppe været her en Maaned. — Gaaer De maaskee nu til Deres Svigerdatter? — Nei, jeg kan først iovermorgen gaae til hende. — Hvorlænge har De været i Gothenborg? — I Gothenborg har jeg næsten været fem Maaneder. — Naar vil De hente min Kuffert? — Jeg skal strax hente den. — Lærer Deres Svigerdatter allerede Tydsk? — Hun har allerede lært det et heelt Aar. — Af hvem lærer Deres danske Ven Fransk? — Han lærer det af en Franskmand. — Er Deres Skrædder en duelig Mand? — Han er den dueligste Skrædder i hele Staden. — Har han allerede arbeidet meget for Dem? — Fire Par Beenklæder, tre Frakker og to Fløielsveste. — Bring mig min Skjorte. — Hvor er Deres Skjorte? — Den ligger vist i Skabet. — Spiser De maaskee endnu et lille Stykke Kjød? — Nei, jeg takker Dem; jeg har allerede spist for meget. —

57.

Har din Svoger virkelig været i Paris? — Nei, det er slet ikke sandt; han har hele Tiden været i Tydskland. — Naar gaaer Du i Skole, min lille Dreng? — Hver Dag fra Klokken otte til Kl. tolv. — Hvorfor vil De ikke drikke Øl? — Jeg takker Dem; jeg har hjemme drukket Melk. — Var Melken søb? — Nei, den var ganske suur. — Er hans Svigersøn et dueligt Menneske? — Nei, han kan ikke engang regne. — Hvor boe dine Svigerforældre? — De boe nu paa Landet. — Komme J snart? — Ja, vi komme paa Øieblikket. — Hvilke Baand har De kjøbt? — Jeg har kjøbt saavel store som smaa, saavel hvide som røde Baand. — Drikker De ikke Øl? — Jeg drikker hellere Melk. — Hvad havde Kongen erobret? — Kongen havde erobret flere Lande. — Saa seent begynder De at skrive? — Ja, jeg maa endnu skrive nogle Breve til mine Slægt= ninge i Kjøbenhavn. — Tænk Dig engang! Den unge Grosserer, der iforgaars var paa Ballet hos Lægen, er død for et Øieblik siden. — Er Veiret idag godt? — Nei, det har sneet næsten hele Eftermiddagen. — Er Historien sand? — Nei, denne Historie er slet ikke sand. — Hvad hedder Dronningen af England? — Hun hedder Viktoria; hun regjerer siden 1837 over England. — Hvem lærer Børnene Tydsk? — Skolelæreren lærer dem Tydsk. — Har De allerede begyndt at lære Spansk? — Nei, det Sprog var mig altfor vanskeligt. — Læser De mange Bøger? — Nei, jeg er meget doven; jeg læser meget lidt. — Hvem har Du sagt det til? — Jeg har sagt hele Historien til den svenske Læge. — Regjerede August den Anden over Polen eller over Sachsen? — Han regjerede baade over Polen og over Sachsen. — Hvormange Alen Fløiel har De kjøbt? — Jeg har kjøbt ni Alen. —

58.

Hvem har hentet Lægen? — Prindsen selv hentede ham. — Har De endnu ikke besvaret Deres Svigersøns Brev?

— Jeg skal iovermorgen besvare det. — Hvad vil Du kjøbe paa Torvet? — Jeg vil kjøbe mig nogle Æbler og Pærer og maaskee ogsaa nogle Blomster. — Hvem vil De svare? — Jeg vil svare mine kjære Svigerforældre. — Hvorfor har De ikke gjort det tidligere? — Fordi jeg ikke havde Tid. — Hvorledes befinder Deres Fader sig? — Jeg takker Dem; han er rask. — Var Deres Svigerinde heller ikke paa Ko= medie igaar Aftes? — Nei, min Svigerinde maatte iaftes blive hjemme, fordi hendes yngste Søn var syg. — Tænkte De paa Maleren? — Nei, jeg tænkte paa hans Broder. — Til hvem vil De skrive? — Jeg vil skrive til min Svoger. — Gaaer Deres Moder selv paa Torvet? — Sædvanlig gaaer hun selv paa Torvet; men undertiden sender hun vor Pige. — Vare begge Thyskerne selv her, eller have de sendt deres Tjener? — De vare begge to selv her; thi deres Tjener var ikke rask. — Hvorfor sender Deres Svoger mig ikke min Paraply tilbage? — Han har allerede sendt Dem Paraplyen tilbage. — Veed Du ikke, naar vor Naboes Søn reiser? — Han reiser iovermorgen til Amerika. — Læse Deres Døtre Dansk? — Nei, de læse kun engelske og tydske Bøger. — Hvorfor vil De endnu ikke sende Deres Søn til Paris? — Fordi han endnu er for ung. — Har Nogen banket paa Døren? — Det var mig. — Kom ind! — Har De allerede læst Noget af Øhlenschlæger? — Jeg har kun læst „Hakon Jarl" og „Correggio." — Dræb mig ikke! Jeg er jo ikke din Fjende. — Vil De gaae med os? — Nu har jeg ingen Tid: jeg maa gaae hjem og arbeide. — Tænker De ofte paa Deres Forældre? — Jeg tænker næsten altid paa Dem. — Hvorfor tænker De ikke paa det, De har at gjøre? — Jeg tænker blot paa det, jeg har at gjøre. — Tænkte De igaar paa mig? — Jeg tænkte igaar hele Dagen paa Dem. —

59.

Har jeg ikke glemt et guult Lommetørklæde hos Dem? — Her ligger et guult Lommetørklæde; tilhører det maaskee Dem? — Ja, jeg takker Dem; det er mit. — Naar haaber

De at være i Kjøbenhavn? — Vi haabe at være der
iovermorgen. — Hvorfor har De ikke gjort Lommer i min
Frakke? — Fordi jeg har glemt det. — Haabede De at
see Deres Ven? — Ja, jeg haabede det. — Har De bragt
mig det blaae Halstørklæbe? — Nei, thi jeg har ikke havt
Tid. — Husker (ober: erindrer) De ikke, hvormange Penge
jeg har givet Dem iforgaars? — Jeg veeb det virkelig ikke;
jeg har igjen glemt det. — Vilde Drengene imorges virkelig
ikke gaae i Skole? — Nei, de vilde ikke gaae i Skole. —
Gaaer De gjerne paa Koncert? — Jeg gaaer hellere paa
Komebie. — Hvorfor vilde De iaftes slet ikke spise Nogen=
ting hos os? — Fordi jeg var mæt. — Har De nogensinde
været i Hamborg? — Jeg var der for omtrent tre Maa=
neber siden. — Havde min Svigerinde glemt sin Parasol
hos Dem? — Ja, hun havde ganske rigtig glemt sin Parasol
hos os. — Kjender De ikke vor Gjenbo, den franske Hand=
skemager? — Nei, jeg kjender ham ikke. — Han skal være
en meget behagelig og høflig Mand. — Hvem talte De om?
— Vi talte om min Svoger, Professoren. — Har Nogen
banket paa Døren? — Ja, det var mig. — Hvorfor er
De idag saa vred? — Vred er jeg aldeles ikke; men jeg er
meget bedrøvet, forbi min bedste Ven er død igaar Aftes. —
Hvorledes har Deres Moder det? — Jeg takker Dem; nu
er hun ganske rask. — Hvor er dit blaae Lommetørklæde?
— Jeg har glemt det i Skolen. — Du glemmer overalt
dine Ting. —

60.

Hvem valgte be Danske til beres Konge? — De valgte
Christian den Første til beres Konge. — Har jeg ikke glemt
min Kuffert hos Eder? — Vi vide det ikke. — Hvad har
De gjort? — Jeg har slet Ingenting gjort. — Har Du
gjort det? — Nei, det har ikke været mig. — Ere begge
disse Piger saa artige, flittige og opmærksomme som beres
Brøbre? — Begge Pigerne ere endnu artigere, flittigere og
opmærksommere end beres Brøbre. — Hvorfor har Du bulgt
Historien for mig? — Forbi jeg ikke turbe fortælle Dig ben.

— Er De endnu vred paa Gartneren? — Paa Gartneren har jeg slet ikke været vred, men blot paa hans Kone. — Var Fyrsten vred paa sin Tjener? — Ja, han var meget vred paa ham. — Har De nogensinde været i Frankfurt? — Jeg var der for nogle Aar siden. — Naar døde Napoleon? — Han døde den femte Mai 1821. — Hvad sagde Englænderen? — Han sagde slet ikke Noget. — Solgte Bageren Dig sin Vogn? — Nei, han vilde ikke sælge mig Vognen. — Har Du seet mit hvide Halstørklæde? — Ja, det ligger i Skabet. — Har Du din Sølvdaase? — Ja, jeg har den her i min Lomme. — Om hvem taler De? — Vi tale om de hollandske Malere. — Hvad bragte Drengen Dem? — Han bragte mig mine Briller, som jeg havde glemt hos hans Fader. — Kan man tælle Stjernerne? — Nei, intet Menneske kan tælle Stjernerne. — Hvor var den lille Pose? — Jeg havde lagt den i den store Kuffert. — Bring mig mit Forklæde og min Vifte. — Her er Deres Forklæde; men hvor jeg skal søge efter Deres Vifte, det veed jeg virkelig ikke. — Hvorfor vilde Barberen aldeles ikke spise Noget? — Fordi han var mæt. — Begge Fjenderne rakte hinanden Haanden. — Jeg skal altid erindre Deres Godhed. — Følg mig; jeg skal vise Dem Veien. —

61.

Har De ikke erfaret Noget om denne Historie? — Jeg veed slet Intet om den hele Historie. — Har De hørt Noget om Deres Brødre? — Jeg har hidindtil (eller: hidtil) endnu slet ikke hørt Noget om dem. — Hvad læser De der? — Jeg har læst en fransk Bog. — De læser altid Fransk; hvorfor læser De aldrig Tydsk? — Jeg læser hellere Fransk end Tydsk. — Din Moder har kaldt paa Dig. — Har hun virkelig kaldt paa mig? — Jeg har ikke hørt det. — Kan den tydske Hattemager allerede noget Dansk? — Han begynder allerede at tale Dansk, omendskjøndt (eller: endskjøndt, eller: skjøndt) han kun nogle Uger har lært Sproget; han vil snart kunne tale det flydende. — Hvad har De lært hans Svigerinde? — Jeg har lært hende Dansk, Svensk og

Hollandſk. — Kan De laane mig fire Daler? — Nei, jeg har nemlig ſelv kun halvtredie (ober: to og en halv). — Hvad har Du kjøbt paa Torvet? — Jeg kjøbte Ferſkener, Kirſebær og Stikkelsbær. — Vor Nabo, Snedkeren, arbeider altid meget flittig; men hans Svoger, Guldſmeden er ſlet ikke flittig. — Min Svigerdatter taler flydende tre Sprog, nemlig: Engelſk, Thdſk og Danſk. — Vær ſaa god at viſe mig den nærmeſte Vei til Byen. — Kjender De ikke denne Dame? — Jeg har ikke den Fornøielſe. — Kjendte De ikke min Niece? — Var den unge, ſmukke Dame virkelig Deres Niece? — Ja, det var min Niece. — Hvorfor beſøger De os ſlet ikke? — Jeg har hidtil ikke havt Tid; men jeg ſkal ſnart giøre mig den Fornøielſe at beſøge Dem. — Det ſkal være os meget behageligt. — Vil De maaſkee ſpiſe hos os imorgen Middag? — Jeg takker Dem: jeg har lovet min Onkel at være hos ham imorgen Middag. —

62.

Har De ſendt Lyſeſtagen til Madam B.? — Jeg har allerede iforgaars ſendt Lyſeſtagen til hende; men der var Ingen hjemme. — Spiſer De gjerne Jordbær? — Jeg ſpiſer hellere Ribs eller Kirſebær. — Har Du ſeet Lyſeſtagen? — Ja, den er i Kjøkkenet. — Hvad ſøger De om, Frøken (ober Jomfru) Jenſen? — Jeg har tabt en Guldring. — Hans Svoger i Amerika er død af den gule Feber. — Hvorlænge agter De (ober: har De i Sinde) at blive i Brunsvig? — Omtrent otte Dage. — Kjøb mig for fire Skilling Frugt. — Skam Dem! — Tvertimod: De maa ſkamme Dem, min Herre. — Har jeg ikke Ret? — Tvertimod: De har Uret. — Har Deres Søſter i Sinde at lære Danſk? — Hun vil baade lære Danſk og Engelſk. — Hvad for Veir er det idag? — Imorges regnede det; nu er det ſmukt Veir; men det er endnu altid ſaa koldt. — Er det lyſt i Deres Kjøkken? — Ja, det er ganſke lyſt. — Hvad lovede Du ham? — Jeg har ingenlunde lovet ham Noget. — Lover De mig ikke mere at gaae til Smeden? — Det kan jeg ingenlunde love Dem. — Hvor har De tabt Deres

Handſker? — Jeg maa have tabt dem i Kjøkkenet. — Vær ſaa god at laane mig en Kop. — Vi have ingen Kopper. — Hvor var Prindſen igaar? — Han beſøgte den gamle, ſyge Gartner. — Kommer De idag til os? — Idag kan jeg i intet Tilfælde komme; men maaſkee har jeg Tid imorgen eller iovermorgen. — Maa jeg ſpørge: er denne ſtore, røde Bygning maaſkee et Fængſel? — Ja, min Herre, det er et Fængſel. — Hvilke Bøger have Deres Børn læſt? — De have læſt de Bøger, ſom De har laant dem. — Have vore Naboer ſaa megen Oſt ſom Melk? — Det veed jeg virkelig ikke. — Hunden gjorde et meget ſtort Spring. —

63.

Have Hollænderne ligeſaa mange Haver ſom vi? — Vi have færre Haver end de. — Har De ligeſaa meget Sølv ſom Kobber? — Nei, jeg har mere Kobber end Sølv. — Er Deres Broder, Profeſſoren, ligeſaa gammel ſom De? — Nei, han er næſten fire Aar yngre end jeg. — Taler Deres Svigerdatter allerede ſaa godt Danſk ſom Deres Søſter? — Nei, min Søſter taler bedre og mere flydende Danſk end min Svigerdatter. — Hvad har Du plukket for Blomſter? — Jeg har plukket Roſer og Tulipaner. — Pluk mig nogle Blomſter. — Gaaer Du ikke mere til den franſke Bager? — Nei, jeg gaaer i intet Tilfælde mere til ham. — Hvorfor ſpiſer De ſlet Ingenting? Det ſmager Dem viſt ikke. — Jeg takker Dem; det ſmager meget godt; men jeg kan ikke ſpiſe mere; jeg er mæt. — Smagte Blommerne Dem? — Ja, Blommerne vare fortræffelige. — Er Tømmermandens Søn ſyg? — Ja, han ligger allerede flere Dage ſyg af Kopper. — Af hvilken Sygdom er Kobberſmeden død? — Han er død af Skarlagensfeber. — Hvorhen vil De kjøre? — Vi ville kjøre til Dyrehaven. — Agter De ſnart igjen at reiſe til Norge? — Jeg reiſer maaſkee imorgen eller iovermorgen til Chriſtiania og derfra til Trondhjem. — Vare Blommerne gode? — Nei, ingenlunde; de vare meget daar= lige. — Hvorfor kom bin Faſter ikke til os igaar? — Forbi hun laa ſyg den hele Dag; hun havde ondt i Tænderne. —

Hvorfor besøger Lægen os ikke? — Fordi han har særdeles meget at gjøre; han arbeider nemlig paa et lærd Værk. — Hvorfor var Deres Svoger i Formiddags saa bedrøvet? — Fordi hans yngste Søn er død. — Af hvilken Sygdom er han død? — Af Mæslinger. — Hvor vare Smedens Tænger? — De laae i Kjøkkenet. — Skulle vi ikke kjøre til Skoven? Veiret er idag saa smukt. — Nei, idag har jeg ikke Tid; jeg maa arbeide. — Hvad hører De hjemmefra? — Jeg har allerede i meget lang Tid ikke havt noget Brev fra mine Forældre. — Omendskjøndt han ikke havde nogen Penge, vilde han dog kjøbe Guldkjeden. — Naar var De i Danmark? — Jeg var der for omtrent halvandet (over: et og et halvt) Aar siden. —

64.

Har Konen gjort det af Fjendskab eller af Nød? — Nei, hun har kun gjort det af Vane; hun er ellers meget samvittighedsfuld. — Kjender De ikke den danske Læge, der i Formiddags var hos min Svigerfader? — Jo, jeg kjender ham; han har gjort sig meget fortjent af sit Fædreneland. — Hunden gjøer, Hesten vrinsker, og Faaret bræger. — Er din Søn flittig? — Nei, hans Lærer gjør ham altid Bebreidelser, fordi han hverken er flittig eller opmærksom; men min Datter roser han meget. — Er De tilfreds med Deres Værelse? — Mit Værelse er altfor lavt. — Var Deres Broder ikke hjemme igaar Aftes? — Jo, han var hele Dagen hjemme; thi han var ikke ganske rask. — Er De tilfreds med Deres Stuepige? — Jeg er langt mere tilfreds med hende end med min forrige Pige; thi hun er dog idetmindste tro. — Har Du idag talt med vor Gjenbo, Væveren? — Nei, jeg har allerede i lang Tid ikke seet ham; han maa vist være syg. — Hvorfor vilde Du ikke gjøre Plads for den gamle Mand? — Jeg har jo slet ikke seet ham. — Hvorledes befinder Deres Datter sig? — Hun er desværre meget syg; vi maae strax igjen sende Bud efter Lægen. — De kan jo sende mig Kaaben imorgen. — Send Bøgerne til Hr. D.; gjør det af Venskab for mig. — Er

4*

Læreren tilfreds med din yngste Søn? — Nei, ingenlunde; min Søns Dovenskab er besværre meget stor, og hans Lærere bable ham altid; jeg veed virkelig ikke, hvad jeg skal gjøre med ham. — Er Deres Datter ogsaa saa doven? — Nei, tvertimod, hun gjør sig megen Umage, og hende have Lærerne altid rost. — Læreren bebreidede Discipelen hans Dovenskab. — Ros Ingen for tidlig. — Hunden har gjøet hele For= middagen. —

65.

Hvorfor har Russeren dræbt Franskmanden? — Han har gjort det af Had. — Denne unge Mand har gjort sig meget fortjent af Staten. — Hvorfor gjorde Du Nar af Enkemanden? — Jeg har jo slet ikke gjort Nar af ham. — Er dette Taarn ikke høit? — Jo, Taarnet er virkelig meget høit; det er jo langt høiere end det Taarn, vi engang have seet i Berlin. — Hvis Værelse er størst, eders eller mit? — Dit Værelse er jo langt større end vores. — Det er endogsaa (ober: endog) en meget styg Vane. — Vi maatte endog sende Bud efter Lægen. — Regner det endnu? — De seer jo: jeg er ganske vaad. — Jo mere Umage man gjør sig, jo mere lærer man. — Hvorfor kommer Du saa silde? Du havde jo lovet at være Klokken halv syv hos mig, og nu er Klokken næsten tre Qvarteer til otte. Jo, Du er mig virkelig et net Menneske! — Der gives vist ikke mange Sprog, som denne lærde Professor jo ikke har studeret. — Er Arbeidet let? — Nei, tvertimod, det er endogsaa me= get vanskeligt; jeg maatte gjøre mig megen Umage med Ar= beidet. — Man roser ofte de slette Mennesker og dabler de gode. — Har De allerede sendt det lille Speil til Frøken H.? Nei, jeg har hidindtil ikke havt Tid. — Naar er den svenske Grosserer hjemme? Jeg maa paa enhver Maade endnu idag tale med ham. — Han er sædvanlig hjemme hver For= middag imellem Klokken ti og tolv. — Er Enken fattig? — Ja, hendes Nød skal være meget stor. — Kjøbenhavn har flere høie Taarne. — Vanens Magt er stor. — Har Kjøb= manden fortjent mange Penge? — I den sidste Tid har han fortjent særdeles mange Penge. —

66.

Hvem har Tydskeren giftet sig med (ober: taget til Ægte)?
— Han har giftet sig med en rig fransk Dame. — Men
hun skal jo allerede være gammel. — De tager feil; hun
er næppe fem og tyve Aar gammel. — Var den frenske
Handskemager ikke hos Dem? — Jo, han var i Formid=
dags hos os og tog Afsked; han reiser nemlig imorgen til=
bage til sit Fædreland. — Hvorfor græd Englænderinden? —
Fordi hendes Mand ligger syg af Kopper; den stakkels
Kone er virkelig beklagelsesværdig. — Historien er vist (ober
vistnok) ikke sand. — De tager feil, min Ven; Historien er
virkelig sand. — Naar tager Baronessen afsted? — Hun
tager imorgen afsted til Tydskland. — Tag Dem i Agt (ober:
i Vare) for denne Kjøbmand; han er ikke ærlig. — Hvor
var Tyven? — Vi kunde ikke faae fat paa ham. — Er
Lærerinden tilfreds med din yngste Datter? — Nei, ingen=
lunde; hendes Lærerinde dadler hende altid. — Fik Russerne
Bugt med Franskmændene? — Nei, tvertimod: Russerne
kunde ikke faae Bugt med Franskmændene, skjøndt hine kæm=
pede meget tappert. — Hvad har Du faaet af din Onkel?
— Han har givet mig to Daler. — Hvorfor har De taget
Kniven fra mig? — Denne Kniv tilhører jo slet ikke Dem;
det er min egen Kniv; jeg har faaet den af min Fader. —
Vi fik ham strax til at lee. — Abbedissen er død imorges. —

67.

Naar har Deres Svigerfader givet Dem det lille, smukke
Gulduhr? — Dette Uhr har jeg jo slet ikke faaet af min
Svigerfader, men af min Svoger. — Hvorfor vilde I ikke
gaae med os? — Fordi vi ikke havde Lyst. — Begge mine
Sønner laae iforgaars syge af Mæslinger. — Hvilke Heste
har De taget? — Vi have taget begge de sorte. — Hvor
laa min Frakke? — Den laa i Kjøkkenet. — Naar har
De sendt Deres lille Datter paa Torvet? — Imorges
Klokken otte. — Have Deres Svigerforældre allerede skrevet
til Dem? — Nei, de have endnu ikke skrevet. — Vil De
endnu give mig en Flaske Viin? — Jeg har jo allerede

givet Dem tre Flaster. — Har den rige Tydster laant Dem mange Penge? — Han har laant mig omtrent atten Daler. — Den fattige Mand bad mig om en Skilling; jeg gav ham, hvad jeg havde hos mig. — Hvad har Du idag kjøbt af Kræmmeren? — Jeg har kjøbt mig fem Par Strømper. — Læreren gjorde den dovne Discipel mange Bebreidelser. — Det er slet ikke smukt af Dem, at De gjør Nar af den gamle Bager; han er dog et meget ædelt Menneske. — Er De tilfreds med min Søn? — Nei, aldeles ikke; han gjør sig slet ingen Umage og er heller ikke opmærksom i Skolen. Jeg har ofte nok gjort ham Bebreidelser derover; men det hjælper Intet. — Har De Lyst at gaae paa Ballet iaften? — Jeg har vel Lyst, men ingen Tid dertil; thi jeg maa arbeide iaften. — Det har han gjort af Ondstab. — Nei, han har kun gjort det af Nød. — Hvorfor har De ikke gjort Plads for Kongen og Dronningen? — Jeg har hverken seet Kongen eller Dronningen. — Vare Ribsene gode? — De vare altfor sure. —

68.

Vil De reise til Paris ganske alene? — Nei, min Kone og min ældste Datter reise med mig. — Prindsen lod Gartneren kalde. — Jeg beder Dem: gjør det af Venskab for mig. — Har Barnet spist alle Kirsebærrene, som laae her paa Bordet? — Nei, nogle ere endnu der. — En saadan Godhed er virkelig sjelden. — Har De maaskee tabt Deres Stok, min Herre? — Nei, jeg har ikke tabt min Stok, men mine Handsker. — Er Kaffen sød nok? — Jeg takker Dem: Kaffen er sød nok. — Har De endnu ikke faaet de otte Daler af Guldsmeden? — Nei, han har blot givet mig tre Daler og fem Mark. — Hvor dyrt er dette Speil? — Speilet koster syv Daler og to Mark. — Det er for meget. — Tag tiltakke med et Glas Øl. — Jeg takker Dem; jeg drikker aldrig Øl. — Har De endnu ikke hentet Kufferten fra min Svigersøn? — Jeg har hidtil ikke havt Tid dertil. — Har hun gjort det af Ondstab eller af Nød? — Hun har kun gjort det af Vane. — Har Deres

Faber hørt Noget om det Brev, han har tabt? — Nei, han
har endnu slet ikke hørt Noget. — Hvad vil De gjøre med
Pengene? — Jeg veed det endnu ikke. — Har denne Fransk=
mand meget Mod? — Nei, han har meget lidet Mod. —
Denne Danske har gjort sig meget fortjent af sit Fædrene=
land. — Hvorhen gaaer De nu? — Jeg vil gjøre et Besøg
hos min Svoger. — Har din Fætter virkelig giftet sig med
Englænderinden af Kjærlighed? — Ja, han har kun taget
hende af Kjærlighed. — Har De allerede skrevet til Lærer=
inden? — Nei, thi jeg har hidindtil hverken havt Tid eller
Lyst dertil. — Er den Dame, som De talte om igaar, tydsk
eller dansk? — Hun er hverken tydsk eller dansk, men fransk.
— Har De nu en god Kokkepige? — Ja, nu har jeg en
meget duelig og tro Kokkepige; men tidligere havde vi een,
der slet ikke var tro. — Har Grevinden sagt Dem Noget
om mig? — Hvorfor spørger De? — Naar hun har talt
om mig, saa var det vist intet Godt; thi hun er min Fjende.
— Og dog har hun ikke talt et eneste ondt Ord om Dem.
— Har De allerede givet Dem i Færd med Arbeidet? —
Imorgen vil jeg begynde at arbeide paa Værket. — Denne
unge franske Dame har en meget styg Vane: hun leer altid.

69.

Hvorfor kommer Kokkepigen aldrig Salt nok i (ober paa)
Suppen? — Jeg har ofte nok sagt hende det. — Hvorfor
kom Lærerinden ikke til Eder igaar? — Hun var jo syg og
maatte hele Dagen holde Sengen (ober: ligge tilsengs). —
Hvad feilede hende? — Hun havde ondt i Hovedet og i
Tænderne. — Ogsaa min Datter var ikke rask igaar. —
Hvorfor spiser De ikke? — De holder vel ikke af Flesk? Eller
smager det Dem maaskee ikke? — Jeg takker Dem; Flesket
er fortræffeligt; men jeg har spist saa meget hjemme, og nu
er jeg mæt. — Denne Skomager holder ikke engang af sine
egne Slægtninge. — Vi holde Alle af den ædle, gavmilde
Prindsesse. — Theen er vel ikke søb nok? — De kan jo
komme mere Sukker deri. — Jeg takker Dem, kjære Ven;
Theen er virkelig søb nok. — J Kampen skal den svenske

General have lagt meget Mod, Tapperhed og Aandsnærvæ= relse for Dagen. — Tyvens Forbrydelse er kommen for Dagen. — Hvorlænge varede Krigen imellem Franskmændene og Englænderne? — Den varede omtrent hundrede Aar. — Hvad feiler Dem? De seer jo saa bedrøvet ud? — Mig feiler der Intet; men min ældste Datter blev i Formiddags meget syg; jeg har for et Øieblik siden atter sendt Bud efter Lægen. — Alle Forbrydelser komme dog engang for Dagen. — Hvorlænge varede Kampen? — Kampen varede næsten otte Timer. — Holder De ikke af Frugt? — Jo, jeg spiser meget gjerne Frugt. —

70.

Underviser Deres Søn ogsaa i Fransk? — Nei, han underviser blot i Tydsk og Dansk. — Læste Hr. Holm Ma= thematik eller Engelsk med Dig? — Han læste hverken Ma= thematik eller Engelsk, men Svensk med mig. — Det svenske Sprog skal jo være meget smukt. — Ja, det er sandt: det er et meget velklingende Sprog. — Hvorfor lægger De Dem ikke efter dette Sprog? — Fordi jeg ikke har Tid dertil. — Kommer Du ikke mere til den franske Hattemager? — Nei, jeg holder ikke af et sligt ærgjerrigt Menneske. — Har man nogensinde hørt saadant Noget! — Jeg kjender intet mere beskedent Menneske end netop denne Franskmand. — Varer det endnu længe? — Det kan maaskee endnu vare fire eller fem Timer. — Har Barnet lært alt dette af fri Villie? — Ja, det har lært hele Historien af egen Drift. — Har Franskmanden med (frit) Forsæt (eller: forsætlig; eller: med Villie) dræbt Tydskeren? — Det veed jeg virkelig ikke. — Saadant Noget gjør man altid med frit Forsæt. — Vær saa god at holde min Paraply et Øieblik. — Hvorfor drikker De ikke? — Er De ikke tørstig? — Jeg holder ikke af Øl. — Det har jeg ganske glemt. — Jeg skal lade hente en Flaske Viin. — Min ældste Søn har af egen Drift lagt sig efter Mathematiken; han har i det sidste Aar lagt sær= deles megen Flid for Dagen. — Har De endnu altid den samme Kokkepige? — Ja, vi have allerede havt hende tre

Aar. — Jeg holder ikke af denne gamle Lærerinde; hun er ikke samvittighedsfuld nok. — Forbryderen har lagt særdeles megen Aandsnærværelse for Dagen; det varede ogsaa meget længe, indtil man kunde faae fat paa ham. — Har De ikke seet mine Handsker? — Jo, de ligge paa Sengen. —

71.

Er Deres Svigerinde endnu syg? — Ja, hun lider altid af Tandpine. — Hvorledes har De det, Hr. A.? — Jeg er ikke rask; mit Bryst gjør mig ondt; jeg er i den sidste Tid desto værre bleven meget svag. — Hvorfor er De altid saa vred paa den tydske Barbeer? Har han nogensinde gjort Dem noget Ondt? — Nei, han har aldrig gjort mig noget Ondt; men jeg holder nu engang ikke af dette Menneske. — Mine Fødder gjøre mig ondt. — Hvo kommer ridende der? — Det er den unge Prinds. — Vil De imorgen tidlig gaae med op paa Bjerget? — Naar gaaer De? — Klokken fire. — Klokken fire ligger jeg endnu i Sengen. — Er Du Guds Søn, saa hjælp Dig selv. — Har Du ikke seet mine gule Handsker? — Jo, de ligge paa den grønne Bænk i Haven. — Hvorfor leer De? — Jeg har jo slet ikke leet. — Jeg skal snart faae Dem til at græde. — Hvorledes har De det? — Jeg er ikke rask: jeg har Hovedpine. — Han troer ikke paa en Gud. — Hvorfor kom Frøken D. ikke til os iaftes? — Forbi hun havde Tandpine. — Det gjør mig virkelig ondt for den stakkels Pige (eller: for den stakkels Piges Skyld). — Hvor ligger den Landsby, hvorom De taler? — Den ligger i en smuk Dal. — Hvem forsyner Dem med Bøger? — Hidtil har Herr A. forsynet mig med Bøger. — Maa jeg endnu give Dem et Stykke Kjød? — Jeg takker Dem, kjære Ven; jeg har nok. — Jeg havde allerede spist hjemme, og nu er jeg mæt; jeg tør ikke spise mere. — Hvo leverer Dem Viin? — Min tydske Sproger forsyner mig med Viin. — Er Deres Frøken Datter syg? — Ja, hendes Bryst gjør hende desværre ondt. — Hvorfor er De altid vred paa mig? Jeg har dog aldrig gjort Dem Fortræd. — Jeg er jo slet ikke vred paa Dem. — Boer

De paa anden eller tredie Sal? — Nei, vi boe i Stuen. —
Den fattige Skrædder bad mig om en Almisse. — Have
Folkene Øl nok? — De ville ikke drikke mere. — Er denne
Historie virkelig sand? — Jeg har hørt den fortælle af Flere.
— Drengen kom springende. — Sangerinden har ladet sig
høre i Berlin. — Jeg veed virkelig ikke, hvorledes jeg skal takke
Dem for Deres Godhed. — Hvorfor blev De ikke? —
Forbi min Onkel bød mig (at) gaae. — Man maa ikke
gjøre noget Dyr Fortræd. — Har De allerede sendt Reg=
ningen til Madam Schmidt? — Jeg har endnu ikke kunnet
sende den. —

72.

Har Frøken Møller endnu ikke betalt Regningen? —
Vi have igjen imorges sendt Regningen til hende; men hun
havde endnu ingen Penge. — Drengen turde ikke gaae i
Theatret, fordi han ikke havde været flittig. — Du skulde
have hørt Sangerinden! — Han burde have skammet sig. —
Skomageren havde allerede kunnet bringe os Støvlerne. —
Lader De Deres Børn gaae paa Theatret iaften? — Nei,
jeg lod dem jo igaar Aftes gaae paa Theatret. — Hvad
vil Deres Svigerinde, Grevinde H., sige dertil? — Jeg
veed ikke, hvad hun vil sige dertil. — Kan jeg maaskee gjøre
mig den Fornøielse at ledsage Dem hjem? — Jeg takker
Dem; min yngste Broder har lovet at hente mig. — Kan
De maaskee sige mig, hvad Klokken er? — Klokken er strax
otte. — Er det Deres Lommetørklæde, som ligger paa Bordet?
— Det tilhører ikke mig, men min Søster. — Hvorfor læg=
ger hun altid sine Lommetørklæder paa Bordet? — Hun
lader altid sine Sager ligge, hvor de ikke burde ligge; imor=
ges fandt jeg igjen to af hendes Bøger i Kjøkkenet. — Har
De fundet Deres Halstørklæde igjen? — Nei, jeg maa vist
have glemt det hos Dem. — Jeg har jo allerede sagt Dem:
hos os har De ikke glemt det; ellers havde jeg allerede givet
Dem det. — Det gjør mig virkelig ondt; det var saa smukt,
og jeg havde først forrige Uge faaet det af min Svoger. —

73.

Hvorfor var Deres lille Søn ikke i Skolen igaar? — Fordi han havde Mavepine. — Han er meget tit syg; forrige Maaned var han tre Gange ikke i Skolen, fordi han havde Hovedpine; paa denne Maade vil han virkelig ikke kunne lære meget, og hans Lærere ere heller ikke tilfredse med ham, men de gjøre ham altid Bebreidelser. — Hvorfor græder Du, mit kjære Barn? — Har maaskee Nogen gjort Dig Fortræd? — Min ældste Broder har slaaet mig i Øiet. — Hvorfor vilde Du ikke give den fattige Kone nogen Blommer? — Jeg vilde jo ikke blot give hende Blommer, men endogsaa Penge; men hun vilde slet ikke tage Nogenting. — Hele Folket var meget bedrøvet, fordi dets Dronning var syg. — Her maa man tage sig i Vare; man er ellers virkelig ikke sikker for at falde. — Hvad feiler Deres Svigermoder? — Hun har Tandpine. — Der komme to smukke Fugle flyvende; seer Du dem ikke? — Jo, jeg seer dem. — Troer De mig ikke? — Jo, hvorfor skulde jeg ikke troe Dem? — Ledsag mig endnu et lille Stykke. — Jeg maa strax gaae hjem; thi jeg har idag særdeles meget at gjøre. — Hvorfor blev Du imorges liggende saa længe? — Fordi jeg ikke befandt mig vel. — |Jeg gad vidst (eller vide), hvorfor Englænderen altid er saa bedrøvet? — Ja, det veed jeg virkelig heller ikke. — Reiser De alene til Hamborg? — Nei, begge mine Døtre ledsage mig. — Hvor høit er Deres Huus? — Det er omtrent halvtredsindstyve Fod høit. — Og hvor høit er Deres Naboes Huus? — Det er nogle Fod lavere end vores. — — „Der gives mange Lærde i Rom, ikke sandt?" spurgte Milton en Romer. — „Ikke saa mange, som da De var der", svarede denne. — —

74.

Er Grossereren nu hjemme? — Nei, han er sandsynligviis (eller rimeligviis) gaaet bort. — Brødet er vel for haardt? Det smager Dem vistnok ikke? — Jeg takker Dem; Brødet er blødt nok. — Deres Tjener bliver meget længe borte. — Ja, De har Ret; jeg har for omtrent halvanden

Timer siden sendt ham paa Torvet, og han er endnu ikke kommen tilbage. — Skulle vi gaae ud at spadsere? — Det gjør mig ondt, at jeg ikke kan ledsage Dem; men jeg maa strax gaae hjem, fordi jeg har meget at gjøre. — Hvor er Lærerinden? — Hun er for et Øieblik siden gaaet bort. — Denne Kjøbmand er meget gjerrig. — Forældrene elskes ikke altid af deres Børn. — De franske Konger, Henrik den Tredie og Henrik den Fjerde blive begge myrdede; hiin i Aaret 1589, og denne omtrent eet og tyve Aar senere. — Amerika er blevet opdaget af Genueseren, Christopher Kolumbus, i Aaret 1492; otte Aar senere blev Brasilien opdaget af en Portugiser. — Der blev strax sendt et Brev til hans Moder i Stokholm; men hun kunde ikke komme, fordi hun ingen Penge havde. — Det gjør mig virkelig ondt for det unge Menneske; hans Forbrydelse er nu bleven opdaget. — Har De allerede sendt Bud efter Lægen? — Der vil strax blive sendt Bud efter ham. — Der blev allevegne søgt efter Tyven; men han var ingensteds at finde. — Prindsessen var meget bevæget; nogle Dage senere blev hun myrdet af en Soldat. — Naar tager De afsted Frøken K.? — Sandsynligviis tager jeg afsted iovermorgen. — Sæt Dem dog! — Jeg takker Dem; jeg staaer langt hellere. — Vær ikke for gjerrig og ikke for obstel. — Forbryderen havde hos vor Nabo, Kræmmeren, stjaalet tre og halvtredsindstyve Rigsdaler, ti Hatte, atten Par Strømper og syv Par Handsker. — Generalen blev saaret af Fjenderne. — Soldaten var bleven ført til Kongen, men blev benaadet af ham. — Hvorfor blev Franskmandens Tjener hentet til Prindsen? — Fordi han havde bestjaalet ham. — Hvad havde han stjaalet? — Et Gulduhr og en Sølvkjede. — Naar blev Peru opdaget? — Omtrent i Aaret 1520. — Naar førtes Syvaarskrigen? — Fra 1756 til 1763. — Alle hans Nøgler ere igaar Nat blevne stjaalne fra ham. — Er Forbryderen bleven benaadet af Kongen? — Nei, Kongen vilde paa ingen Maade benaade ham. — Landet blev forrige Aar erobret af Englænderne. —

75.

Vor bedste og smukkeste Hest er forrige Søndag bleven
stjaalen; men Forbryderen er allerede opdaget. — De to
Kjøbmænd have i dette Aar paa deres første Reise fortjent
omtrent fem hundrede Daler. — Gode og redelige Menneske
elskes sædvanlig af Alle. — Vil De ikke snart staae op?
Klokken er jo allerede otte. — Jeg vil idag først staae op
Klokken ni; jeg lagde mig nemlig igaar Aftes meget seent.
— Jeg var i Begreb med at skrive til min Svigersøn i
Brunsvig. — Hvorfor sætter De Dem ikke? — Jeg takker
Dem: jeg har siddet den hele Dag. — Fuglene kom flyvende.
— Den unge Danske har giftet sig med en rig Enke. — Har
De seet vor nye Kirkegaard? — Jeg var igaar paa Kirke-
gaarden; den er virkelig meget smuk. — Denne Bager gaaer
aldrig i Kirke; han troer ikke engang paa Gud. — Forstaaer
De Dansk? — Nei, jeg forstaaer ikke et Ord; men jeg vilde
gjerne lære dette Sprog at kjende; det danske Sprog skal
jo være meget blødt; er det ikke sandt? — Jo, De har ganske
Ret; Dansk er langt blødere end Tydsk. — Er denne Nor-
mand virkelig saa gjerrig? — Nei, han er tvertimod meget
ødsel. — Seer De Manden der? — Hvilken Mand? —
Den lille Mand med det store Skjæg. — Jeg har ofte seet
ham paa Gaden; men jeg veed ikke, hvad han hedder. —
Veed De maaskee, hvormange Kirker denne By har? —
Jeg troer, den har tolv eller tretten Kirker. — Jeg gad
ikke boet i saadant et Stræde. —

76.

Den fattige Mand, hvis Kone døde i forrige Uge, bad
mig om en Almisse. — Det Hele maa være en Misfor-
staaelse; thi jeg har ikke talt et Ord derom. — Jeg siger
Dem: det er ingen Feiltagelse; tvertimod: De har taget
feil. — Af hvem er dette Skab forfærdiget? — Det er for-
færdiget af vor Snedker. — Jeg troer, Deres Søster tager
feil. — Nei, ingenlunde; De har blot misforstaaet hende. —
Er eders Gaard stor? — Ja, vi have en meget stor og
smuk Gaard. — Hvorlænge har denne Barnepige tjent hos

Dem? — Hun har næsten været halvandet Aar hos os. —
Tillader De, Frøken, at jeg ledsager Dem hjem? — Jeg
takker Dem, min Herre, jeg gaaer hellere alene. — Seer
De ikke Prindsessen? — Hun kommer jo kjørende der i
Dronningens Vogn. — Imellem Huset og Haven er der
en lille Gaard. — Har Du allerede skrevet til dine Sviger-
forældre? — Jeg stod i Begreb med at skrive til dem. —
Naar reiser Udenrigsministeren? — Han formodes at ville reise
til Kongen imorgen. — Hvad have I drukket igaar Aftes? —
De Fleste af os drak Viin; men der blev ogsaa drukket noget
Øl. — Ere Hovedstadens Gader brede? — Nogle Gader
ere meget brede, men der gives ogsaa nogle, der ere meget
smalle. — Som jeg allerede har sagt Dem, er Forbrydelsen
nu bleven opdaget. — Naar lægger De Dem? — Jeg lægger
mig sædvanlig Klokken ti eller halv elleve. — Og naar staaer
De op? — Klokken fem eller sex. —

77.

De lovede mig igaar at bringe en dansk Bog; har De
bragt den? — Jeg har bragt Dem, hvad jeg har lovet;
her er en meget god og nyttig Bog. — Husker De endnu
den smukke, lille, franske Dame, som var her for et Aar
siden? — Ja, jeg husker hende. — Har De banket paa
Døren? — Nei, det var ikke mig. — Hvad mener De om
denne Historie? — Det gjør mig kun ondt for det unge
Menneske; han var ellers saa redelig og flittig. — Kan De
skaffe (oder forskaffe) mig en Flaske Viin? — Jeg troer det
næppe. — Kjender Du denne Rytter? — Er det ikke vor
Konge? — Jo, De har virkelig Ret. — Har Deres Sviger-
fader igjen givet Dem Penge? — Ja, men kun meget faa
Penge; han er altid saa gjerrig. — Har De sendt Deres
Søn til Sverrig? — Nei, det var en Feiltagelse; jeg sender
ham slet ikke bort. — — Engang sagde Frederik den Store
til sin Læge: „Sig mig engang, hvormange Mennesker har
Du dræbt i dit Liv?“ „Sire“, svarede Lægen, „omtrent
500,000 færre end Deres Majestæt.“ — — Har De alle-
rede betalt Hattemageren? — Nei, thi jeg har hidtil ikke

havt Penge. — De har der et meget smukt Blækhuus; hav den Godhed at laane mig det. — Hvad vil De gjøre dermed? — Jeg vil vise min Søster det. — Røveren blev dræbt af en Soldat. —

78.

Hvorfor har Svensteren stjaalet Brød fra Bageren? — Han har kun gjort det af Nød. — Har De allerede spist Ribs? — Nei, jeg spiser ikke gjerne Ribs; jeg spiser hellere Kirsebær, Stikkelsbær, Jordbær eller Ferskener. — Reise Deres Slægtninge imorgen eller iovermorgen til Tydskland? — De reise slet ikke; thi saavel min Onkel som min Tante ligge syge af Mæslinger. — Hvor er min Paraply? — Jeg har lagt den paa Deres Kuffert. — Hvorfor er Deres Ven idag saa bedrøvet? — Fordi han har tabt sin Tegnebog (oder Brevtaske) og en Gulduhrkjede. — I denne lille Landsby boede vi halvandet Aar. — Har De endnu nogle Søm? — Jeg har endnu fem Søm: tre store og to smaa. — Naar vil De gaae med den unge Mand til Maleren? — Skjøndt jeg ikke har megen Tid, vil jeg dog endnu imorgen gaae med ham til Maleren. — Vil De sende Deres Tjener hjem til mig? — Jeg skal strax sende ham. — Skammer De Dem at gaae til den tydske Guldsmed? — Jeg skammer mig albeles ikke; men jeg har ingen Lyst dertil. — Hvem elsker De? — Jeg elsker mine Børn. — Hvem har De laant Deres Bøger? — Jeg har laant min Ven dem. — Hvad har Svensteren solgt Dig? — Han har solgt mig et Par Beenklæder, en Fløielsvest og sex Par Strømper. — Faaer De ikke snart Deres Speil igjen? — Jeg haaber, at min Svoger vil give mig det tilbage iovermorgen. — Hvad læste De imorges? — Jeg læste en Roman af Andersen. — Hvad hedder den Roman? — „Improvisatoren.“ — Mine Børn maae ikke læse Romaner. — Er Andersen en Tydsker? — Nei, han er en Dansk. — Mellem Kjøbenhavn og Roeskilde er der fire Miil. —

79.

Qvækeren.

En engelsk Qvæker kom en Aften, ridende paa sin stadselige Hest, tilbage fra Landet. Da han ikke var langt fra Staden, mødte han en anden Rytter, som havde et kulsort Ansigt og som sad paa en Hest, paa hvem man kunde tælle alle Ribbenene under Huden, men ikke Tænderne i Munden; thi den havde ingen. „Guds Barn", sagde Røveren til den fromme Mand, idet han holdt ham en Pistol for Ansigtet, „jeg vilde gjerne forskaffe mit stakkels Dyr et bedre Foder. Naar I nu vil, som jeg, saa bytte vi." Qvækeren tænkte: hvad er her at gjøre? Hjemme har jeg endnu en anden Hest, men intet andet Liv. — De byttede altsaa med hinanden, og Røveren red hjem paa Qvækerens Hest; men denne førte Røverens elendige Dyr taalmodig ved Tømmen. —

Da Qvækeren var kommen til de første Huse i Staden, lagde han Tømmen over dens Ryg og sagde: „Gaa foran, Lazarus, du vil bedre kunne finde din Herres Stald end jeg." Han lod altsaa Hesten gaae foran og fulgte den igjennem flere Gader, indtil den stod stille udenfor en Stalddør. Nu gik Qvækeren ind i dette Huus og fandt her Røveren, der just aftørrede sig Sveden af Ansigtet. „Er I kommen vel hjem", spurgte Qvækeren? „Naar I nu vil, som jeg, saa ophæve vi Byttet; det er jo besuden ikke bekræftet af Retten. Giv mig altsaa min Hest igjen; eders staaer for Døren." Da Røveren saae sig opdaget, begyndte han at lee og gav strax Qvækeren hans Hest tilbage. Men denne sagde: „Vær saa god endnu at give mig en Guinee i Rideløn; thi jeg og eders Hest have spadseret med hinanden tilfods. Ogsaa dertil beqvemmede Røveren sig. Men den Anden sagde, idet han gik bort: „Ikke sandt? Mit Dyr løber et godt Trav." —

80.

„Hvormange Døde have vi", spurgte en Hospitalslæge. — „Ni." — Men, jeg har jo dog skrevet Medicin for Ti." „Ja, men En vilde paa ingen Maade tage den ind. — — „Hvor stor er vel Maanen?" spurgte en

Stræbber en lærd Herre. „En Alen", svarede den Lærde; „thi den har jo fire Qvarterer." — — „Spilles der i Aften paa Theatret?" spurgte en Englænder Opvarteren i et Hotel. — „Yes«, svarede denne. — „De taler altsaa ogsaa Engelsk?" — „Oui«, var Svaret. — „Altsaa ogsaa Fransk?" — „Ja". — — Karl den Femte, som flydende talte flere euro= pæiske Sprog, pleiede at sige: man burde tale Spansk med Guderne, Italiensk med sin Veninde, Fransk med sin Ven, Tydsk til Soldater, Engelsk til Gæssene, Ungarsk til Hestene og Bøhmisk med Djævlen. — — Har Du ikke seet min nye Skjorte? — Imorges laa den i Kjøkkenet. — Naar pleier De at lægge Dem? — Imellem ti og elleve. — Hvad har De tabt? — Jeg har imorges tabt to smaa Nøgler af min Lomme. — Jeg maa enten have glemt mine gule Hand= sker hos Dem eller have tabt dem paa Gaden. — Det gjør mig virkelig meget ondt; men hos os har De ikke glemt Deres Handsker; thi jeg har søgt overalt i vore Værelser efter dem; men de vare ingensteds. — Deres Øine ere jo idag ganske røde; De læser vist for meget. — Paa hvem er De vred? — Jeg er vred paa min ældste Datter, forbi hun atter er gaaet i Theatret. — Hvor er Deres hvide Hest? — Den staaer i Stalden. — Har De maaskee en god Pen og noget Blæk? — Her har De en Pen; Blæk skal jeg strax lade hente. —

81.

Er De syg, Madam Jensen? De er jo ganske rød i Ansigtet. — Jeg har Hovedpine. — Har Du ikke et (eller en) Blyant? — Jo det (eller den) ligger i min Tegnebog. — Hvor er Deres Broder? — Han er gaaet paa Marken. — Hvem gaaer med Dem paa Marken? — Mine Folk pleie at gaae med mig paa Marken. — Hvad har De be= talt Smeden for Jernet? — Jeg har givet ham otte Daler og tre Mark. — Det er dyrt nok. — Hvorfor forsøger De ikke at lære Tydsk? — Jeg har allerede ofte forsøgt det; men Sproget er mig for vanskeligt. — Vor Gjenbo, Handskemageren, har kjøbt sig et Dusin Sølvtallerkener, et

Dänischer Schlüssel.

Sølvbæger og en Gulddaase. — Har De ingen blaae Snore?
— Nei, de blaae har jeg alle solgt; jeg har nu kun graae
og grønne Snore. — Har Bonden mange Lam og Svin?
— Han har otte og tyve Lam, men kun sytten Svin. —
Hvorlænge har De i Sinde at blive i Kjøbenhavn? — Det
kan jeg virkelig ikke sige Dem; men jeg haaber idetmindste
at kunne være der en Maaned. — Hvorlænge varede Børne-
ballet igaar Aftes? — Børneballet varede til omtrent Klok-
ken halv Eet. — Hvem har bragt denne lyseblaae Silke-
kaabe? — Grevinde Ahlefeldts Tjener bragte den i For-
middags. — Gaaer De hjem? — Nei, jeg maa først gaae
paa Apotheket. — Hvorledes har Deres ældste Søn det? —
Han maa desværre holde Sengen. — Saa? Hvad feiler
ham? — Han ligger syg af Mæslinger. — Hvorfor hjælper
De altid Deres yngste Broder med hans Arbeider? — Det
er virkeligt langt bedre, at han gjør dem alene. — Kommer
De tit til den svenske Uhrmager? — Jeg kommer engang
imellem til ham. —

82.

Vil De drikke en Kop The? — Jeg takker Dem; jeg
drikker ikke gjerne The. — Drikker De maaskee hellere Kaffe?
— Jeg drikker hellere Kaffe; men jeg har allerede hjemme
drukket to Kopper. — Har min Søster allerede skrevet til
Dem? — Ja, hun har allerede skrevet til mig, og jeg skal
ogsaa snart svare hende. — Vær saa god at tage Plads. —
Jeg takker Dem, jeg staaer hellere. — Hvad gjorde Deres
Svoger, da han erfarede sin bedste Vens Død? — Han var
meget bedrøvet, sagde intet Ord, men lagde sig strax til Sengs.
— Er det Ret at gjøre Nar af Enhver? — Jeg har jo
ikke gjort Nar af Nogen; jeg har blot leet. — — En russisk
Bonde, som aldrig havde seet Æsler, sagde, da han engang
saae flere i Frankrig: „Min Gud, hvad for store Harer gives
der i dette Land!" — — En Englænder drak meget gjerne
Viin, men han fandt altid to daarlige Egenskaber derved.
„Naar jeg kommer Vand deri, forbærver jeg den, og naar
jeg intet kommer deri, forbærver den mig." — — En Konge,

som var meget vred paa en Stjernetyder, spurgte ham: „Elen= dige, hvilken Død troer Du, at Du kommer at døe?" — „Jeg døer af Feber", svarede Stjernetyderen. — „Du tager feil", sagde Kongen, „Du døer strax en voldsom Død". Da man var i Begreb med at gribe ham, sagde han til Kongen: „Herre, befal, at man skal føle min Puls, og man vil finde, at jeg har Feber." Dette Indfald reddede hans Liv. — —

83.

Er Melken ikke god? — Den smager mig ikke; jeg troer, den er noget suur. — Det kunde De jo strax (have) sagt mig. — Jeg vilde just til at skrive et Brev, da min Svoger kom. — Har De kjøbt den Kaffe, hvoraf Grossereren imorges gav Dem en Prøve? — Nei, thi det var ikke den samme Sort, som han solgte mig for halvtredie Maaneder siden. — Gaaer De ikke paa Børsen idag? — Nei, idag tør jeg ikke gaae ud, forbi jeg har forkølet mig. — Dandser De gjerne, Madam Jensen? — Ja, jeg dandser meget gjerne; men jeg faaer altid Hovedpine, naar jeg har dandset meget. — Prindsen dandsede hele Aftenen med Baronessen. — Hvad vil Deres Svigerfader sige dertil? — Lad ham sige, hvad han vil. — Viis mig engang Mønsteret. — Vær saa god, her er det; De kan jo tage det med hjem. — Det skulde jeg have vidst! — Hvorfor adlyde J ikke eders Moder? — Gode Børn maae altid adlyde deres Forældre. — Hvor= for spiser De ikke? — Kjødet smager Dem sandsynligviis ikke? — Jeg takker Dem; Kjødet er meget godt; men jeg er ikke sulten. — Hvor er Deres Datter? — Hun er gaaet til Urtekræmmeren. — Trænger De til mange Penge? — Ja, jeg behøver mange Penge. — Det er jo ganske mørkt; det vil rimeligviis enten regne eller snee. — De behøver slet ikke at være bange (ober: at frygte) for Hunden; den gjør Dem jo Intet; den gjøer blot. — Frygte Deres Børn for at gaae alene hjem? — Nei, mine Børn ere slet ikke frygtsomme. — Det havde jeg ikke troet. — Jeg har maat= tet betale disse Varer dyrt nok. — Hvor har De Deres Varelager? — Mit Varelager er i Stuen. —

5*

84.

Er denne Tulipan vellugtende? — Ja, den lugter me-
get godt. — Er dette Mønster smukt? — Jeg finder det
stygt. — Hvorledes smager Vinen Dem? — Den smager
mig godt, omendskjøndt den er noget bitter. — Har De
spurgt efter den Kjøbmand, som sælger sine Varer saa billigt?
— Jeg har spurgt allevegne efter ham; men Ingen kunde
sige mig, hvor han boede. — Hvor er Deres Svigerinde?
— Hun er desværre sengeliggende; hun har forkølet sig.
— Er Deres Kokkepige gaaet paa Torvet? — Ja, hun er i
dette Øieblik gaaet bort. — Er Deres Herre hjemme? —
Han er først for et Øieblik siden staaet op; han klæder sig
nu paa. — Lægger De Dem allerede? — Ja, jeg vil netop
til at klæde mig af. — Hvilken Frakke vil De idag tage
paa? — Den graae med de smukke Knapper. — Hvorfor
gaaer De ikke ud idag? — Jeg vilde gaae ud, naar det
var smukt Veir. — De vilde ikke sige det, naar De kjendte
mig bedre. — Hvor var den store Ildebrand igaar Aftes? —
Hos vor Gjenbo, Tømmermanden. — Har man ikke kunnet
redde Noget? — Man har desværre næsten slet ikke kunnet
redde Nogenting. — Vil De endnu gaae ud iaften? Det er
jo allerede seent. — Jeg vilde gaae ud, naar Nogen vilde
ledsage mig. — Jeg skal meget gjerne gjøre mig den For-
nøielse at ledsage Dem; thi ene maa De paa ingen Maade
gaae. — De vilde ikke have saa megen Fornøielse og ikke
være saa lykkelig, naar De hverken havde Venner eller Bøger.
— Hvorfor har De ikke tidligere fortalt mig denne Historie?
— Fordi jeg først for et Øieblik siden har erfaret den; ellers
havde jeg ogsaa tidligere fortalt Dem den. — Er der Nogen
i Deres Varelager? — Der er Ingen i mit Varelager. —
Maa jeg spørge, min Herre: „er De maaskee den danske
Urtekræmmers Broder? — Ja, det er mig. — Vi burde
strax gaaet til hende. — Folket raabte: Kongen leve! —

85.

Forliges de to Søstre ikke? — Nei, de forliges ikke. —
Hvorfor er den unge danske Dame altid saa bedrøvet? —

Forbi hun længes efter sine Forældre, Søskende og efter sit Fædreneland. — Den stakkels Normand! Jeg ynkes virkelig over ham; han er baade blind og døv. — Har De kjøbt Varerne? — Nei, jeg kunde ikke bruge dem. — Kjøbmanden syntes at gjøre sig megen Umage for at bevæge Dem til at kjøbe Varerne. — Ja, det gjorde han ogsaa; men det lykke= des ham ikke. — Alle Andersens Romaner ere oversatte paa Tydsk, nogle ogsaa paa Engelsk. — Hvad vilde den Herre, der idag talte til Dem paa Gaden? — Han spurgte mig, om jeg vidste, hvad den Maler hed, der boer i vort Huus. — Talte han ikke Dansk til Dem? — Jo. — Og De forstod ham strax? — Jeg forstod ham strax; men jeg kunde ikke svare ham paa Dansk. — Seer det ikke ud (ober: tegner det ikke) til Regn? — Det er jo ganske mørkt; vi faae vel enten Regn eller Snee. — Hvorfor saae Grevinden paa Dig? — Det veed jeg virkelig ikke. — Begge Brødrene saae paa hinanden. — Var den unge Dame virkelig Deres Søster? — Hun ligner Dem jo aldeles ikke. — Finder De? — Det sige jo alle Mennesker. — Hvorfor er Brødkurven endnu ikke bleven afhentet? — Jeg havde glemt at hente den. — Men det burde De ikke have glemt. — Gaaer De ikke ud idag? — Nei, jeg gaaer ikke ud; thi Veiret er mig for daarligt. — De frygter maaskee for at gaae i Regn eller i Snee? — Nei, ingenlunde; men jeg vilde ikke gjerne for= køle mig. —

86.

Vil De give mig ti Ark Papir og noget Klatpapir? — Papir skal jeg give Dem; men Klatpapir har jeg ikke. — Hvor kan jeg faae Klatpapir? — I den næste Butik. — Bring mig Papir, Pen og Blæk. — Hvorlænge har De lært Dansk? — Omtrent fem Maaneder. — Ikke længere? — De taler jo allerede meget flydende. — Jeg troer, De smigrer mig lidt. — Nei, jeg har aldeles ikke smigret Dem; jeg har kun sagt Sandheden. — Jeg begaaer endnu mange Feil. — I Alt, hvad De hidtil har sagt, har De ikke be= gaaet nogen Feil. — Jeg er altid bange for, at man skal

gjøre Nar af min Udtale. — Hvo vilde vel være saa uhøf=
lig at gjøre Nar af Deres Udtale? — En Englænder vilde
maaskee gjøre det; men de Danske ere ikke saa uhøflige. —
Man bør altid sige Sandheden og ikke smigre Nogen. —
Endskjøndt jeg ikke altid har havt det, som jeg ønskede det,
saa var jeg dog altid tilfreds; thi jeg tænkte: der gives Folk,
der ere langt ulykkeligere end jeg. — Min Svoger ønsker
at tale med Dem. — — En Mand, der vilde kjøbe Noget
hos en Kræmmer, sagde til ham: „De forlanger for meget
for Deres Varer; De burde ikke forlange saa meget af mig
som af Andre, da jeg er Deres Ven." Kræmmeren sva=
rede: „Min Herre, vi maae fortjene Noget ved vore Venner;
thi vore Fjender komme aldrig til os." — — En blind
Kone, som mødte en Halt (ober: en Lam) spurgte ham, om
han endnu ikke kunde gaae. „Jeg kan nok gaae, som De
seer", svarede den Halte. — — Hvorledes er Veiret idag?
— Det sneer, som det sneede igaar, og det tegner ogsaa til
at ville snee imorgen. — Brødrene kappes med hverandre.
— Den unge Student, som Du igaar saae hos mine Sviger=
forældre, har allerede oversat flere Bøger paa Fransk og paa
Engelsk. —

87.

Hvor er vor smukke Flaske? — Flasken er igjen itu. —
Var De ifjor i Hamborg? — Nei, jeg var i Sverrig. —
Skulle vi ikke kjøre? — Jeg vil hellere gaae end kjøre. —
Holder Du ikke af dette Barn? — Nei, jeg holder ikke
af det Barn; thi det elsker jo næppe sine egne Forældre,
endsige andre Mennesker. — Denne Tjener har opført sig
meget lumsk imod (eller mod) sin Herre. — Vi have søgt
Dem allevegne, men forgjæves; De var ingensteds at finde.
— Jeg var i vor Naboes Have. — Naar skriver De til
Deres Børnebørn i Kjøbenhavn? — Jeg skriver sandsynlig=
viis iovermorgen til dem eller muligviis allerede imorgen. —
Har Bageren endnu ikke betalt Vexlen? — Nei, han har
slet ingen Penge. — Gaaer De iaften paa Komedie? —
Nei, iaften maa jeg blive hjemme; thi jeg er ikke rask. —

Det gjør mig virkelig ondt for Deres Skyld; netop iaften
gives der den nye Opera af Mozart. — Hvad synes De
om det grønne Teppe, som min Svigerinde har kjøbt? —
Teppet er virkelig nydeligt; blot Farven synes jeg ikke om;
des(for)uden har hun ogsaa betalt det temmelig dyrt. —
Var De igaar Aftes paa Koncert? — Nei, jeg gaaer over=
hovedet meget sjelden paa Koncert. — Hvor har De kjøbt
dette nydelige, lille Speil? — Jeg har kjøbt det under=
haanden. —

88.

En meget taalmodig Mand, som altid blev modsagt af
sin Kone, sagde engang, da dette just igjen skete, til hende:
„Nu, lad det være godt, mit Barn; jeg veed dog, at jeg
har en god Kone." „Djævlen har Du", sagde Konen heftig.
— — Hvad synes De om min yngste Søn? — Han synes
at være et beskedent og lydigt Barn. — Hvorfra er Deres
Svoger? — Han er en indfødt Dansk; men han taler Tydsk
som en indfødt Tydsker. — Kommer Uhrmager Hansen ofte
til Dem? — Nei, han kommer kun nu og da. — Betaler
De Deres Leie ugentlig eller maanedlig? — Jeg betaler
min Leie hverken ugentlig eller maanedlig, men aarlig. —
Hvor ofte betaler De Deres Skomager? — Jeg betaler
ham, naar han sender mig sin Regning. — Og hvor ofte
sender han Dem den? — Han sender den sædvanlig maa=
nedlig. — Kommer Rækken (oder: Raden, oder: Turen)
ikke imorgen til din Datter? — Jeg troer det knap. —
Raden kommer snart til Normanden. — Var hans Søster
ogsaa igaar bedrøvet? — Nei, tvertimod; hun var meget
lystig; hun lo og spøgte (oder spøgede) næsten den hele
Aften. — Vor Naboes Gaard er undertiden meget smudsig;
men Deres er altid ganske reen. — Har De moret Dem
godt paa Ballet igaar? — Nei, jeg har tvertimod kjedet
mig meget: jeg havde nemlig Hovedpine igaar og har derfor
dandset meget lidt. — Her ere næsten alle Gaderne meget
smudsige; i Christiania derimod ere de alle rene. — Han
har jo kun sagt det for Spøg. — Hvorfor er De altid

vred paa mig? Jeg har jo dog aldrig fornærmet Dem. — De tager feil, min Ven, jeg er aldeles ikke vred paa Dem. —

89.

Har De maaskee noget tyndt Papir? — Ja, jeg har baade tyndt og tykt. — Behøver De ingen Blyanter? — Jeg har nylig kjøbt mig tre. — Hvad synes De om min ældste Broder? — Han synes at være et meget tjenstagtigt (ober: tjenstfærdigt, ober: tjenstvilligt) og gjæstfrit Menneske. — Hvorfor har De en saadan Hast (ober: et saadant Haft-værk)? — Det er jo allerede seent, og jeg maa endnu iaften skrive et Brev til min Svigermoder. Men jeg maa skynde mig meget; thi Klokken er jo allerede tre Qvarteer til syv. — De tager feil, kjære Ven; Klokken er endnu ikke sex. — Jeg maa skynde mig med at kjøbe nogle Lom-metørklæder. — Tiggeren bad mig om lidt varm Mad (ober Spise); thi han var sulten, og han frøs. — Naar spiser De sædvanlig Frokost? — Vi spise Frokost hver Morgen Klokken syv eller halv otte. — Har De endnu ikke spist til Middag? — Jo, allerede for en halv Time siden. — Nu vilde jeg gjerne spise til Aften; thi jeg er baade sulten og tørstig; desuden er det jo allerede silbigt: Klokken er næsten ni. — Kjøber De Dem en tynd eller en tyk Stok? — Jeg vil kjøbe mig den tyndeste, jeg kan faae. — Hans Fætter har kjøbt sig to Guldknapper. — Har De ikke et Par Knap-penaale? — Nei, ikke en eneste; jeg har imorges tabt en Mængde Knappenaale. — Veed De ikke, hvor man faaer gode Haarnaale og Synaale? — Tætved os, i den næste Butik. — Hvad betaler Du for dine Cigarer? — Jeg har to Sorter; af den ene Sort koster Hundredet mig to Daler og fire Mark, og af den anden just to Daler. — Det finder jeg slet ikke dyrt. — Ryger De mange Cigarer? — Jeg ryger daglig fem eller sex; men desforuden ryger jeg hjemme altid Pibe. — Hvor meget betaler De for et Pund Tobak? — Pundet koster mig tyve Skilling. — Bring mig noget Seilgarn. — Naar hændte(s) denne morsomme Historie? — Den skete ifjor. — Jeg har hidindtil ikke hørt

et eneste Ord om hele Sagen. — Er De endnu søvnig? —
Nei, jeg er slet ikke søvnig. — Smager Øllet Dem ikke? —
Det er jo ganske suurt, og jeg ækles (over væmmes) altid
ved suurt Øl og ved suur Mælk. —

90.

Det anede mig (over: jeg anede) strax, at De vilde
komme idag; jeg har inat brømt derom. — Hvorfor skyer
De altid min Svigersøn? Har han nogensinde fornærmet
Dem? — Han har allerede oftere fornærmet mig; derfor
undgaaer jeg ham helst. — Hvo har brukket vor Lysestage
itu? — Det kan jeg virkelig ikke sige Dem; det har ikke
været mig. — Fjenderne brak alle Speilene itu. — Men,
hvorledes seer Du dog ud? Dine Beenklæder og din Vest
ere jo ganske sønderrevne. — Haaber De endnu idag at
faae en Billet? — Ja, jeg haaber sikkert at faae een. —
Er De ikke vel? — Jeg blev paa engang svimmel, og mit
Bryst gjorde mig ondt. — Har Du seet den fede Oxe? —
Jeg har ifjor i Jylland seet to Oxer, der vare endnu federe
end denne; det var de fedeste Oxer, jeg nogensinde har seet.
— Gjør din Tommelfinger Dig endnu ondt? — Nei, nu
er det bedre. — Den stakkels Skomager har tabt sin Syl
eller glemt den nogetsteds. — Hvorledes befinder De Dem,
Frøken Holm? — Jeg takker Dem; det gaaer saa temmeligt.
— Forøvrigt har Deres Onkel lovet mig at gaae med mig
til Maleren. — Vær dog saa god at gaae ganske sagte; min
Moder befinder sig idag ikke vel; hun har Tandpine. — Jeg
er i den sidste Tid bleven temmelig mager. — Hvorfor
løber De saa hurtigt? — Jeg har idag særdeles meget at
gjøre. — Kan De ikke gaae noget hurtigere? — Jeg kan
vel gaae hurtigere; men jeg gaaer helst langsomt; forøvrigt
er det ogsaa idag meget varmt. — Deres Søn er en meget
rolig og opmærksom Dreng; men Deres Datter er altid
urolig i Skolen. —

91.

Er Deres Broder endnu oppe? — Nei, han er nede i Varelageret. — Syer denne tydste Skrædder godt? — Jeg er idetmindste meget tilfreds med ham. — Hvormange Par Strømper har Du hidindtil strikket? — Hidtil har jeg strikket syv Par; men jeg maa endnu strikke fem Par. — Det Hele var en Misforstaaelse; han meente det anderledes. — Er Deres Søn nu flittig? — Ja, nogenlunde. — Jeg havde nylig en meget ubehagelig Drøm. — Havde J igaar mange Gjæster? — Nei, tvertimod; vi havde kun meget faa Gjæster. — Har De fundet Deres Brevtaske? — Nei, jeg maa have tabt den etsteds; thi jeg seer den ingensteds. — Hvorfor gjem= mer De ikke bedre Deres Sager? — Den unge, svenste Læge, som De iaftes saae hos mine Svigerforældre, vilde gjerne laane tyve Daler af mig; skal jeg give ham dem? — Laan ham ingen Penge; De faaer dem ikke tilbage. — Hvor= for troer De det? — Forbi han ifjor ikke har laant mindre end hundrede og tredive Daler af min Svoger, hvoraf han hidtil endnu ikke har betalt en Skilling; jeg siger Dem der= for endnu engang: laan ham Ingenting. — Er Seilgarnet tykt nok? — Nei, det er temmelig tyndt. — Hvad har De leiet for en Bolig (oder Bopæl)? — Jeg har leiet en lys, stor Bolig. — Et Barn, som døer tidlig, er en Blomst, der plantedes i Guds skjønne Have. — Er det koldt idag? — Ja, jeg fryser. — Det er en kjøn Pige. — — En gammel Mand, der var meget syg, lod sin Kone, som endnu var temmelig ung, kalde og sagde til hende: „Min kjære Kone, Du seer, at min sidste Time nærmer sig; naar Du nu ønsker, at jeg skal døe rolig, maa Du gjøre mig en Tjeneste. Du er endnu ung, og Du vil sandsynligviis atter gifte Dig; det veed jeg vel; men jeg beder Dig ikke at tage din Ven, Adolph; thi jeg maa tilstaae, at jeg aldeles ikke synes om denne unge Mand; jeg vilde derfor døe i Fortvivlelse, naar Du ikke lovede mig dette." Konen svarede: „Min kjære Mand, jeg beder Dig, lad dette ikke forhindre Dig i at døe rolig; thi jeg forsikkrer Dig, at jeg, naar jeg ogsaa vilde gifte mig med Adolph, ikke kunde det, forbi jeg allerede har forlovet mig med en Anden." — —

92.

Hvorfor kom Tiggeren ikke op til os? — Fordi han skammede sig. — Mureren og Tømmermanden gik langsomt opad Bjerget. — Værtshuusholderen løb hurtigt opad Trappen. — Vil De imorgen tidlig Klokken fire eller halv fem gaae med os op paa Bjerget? — Nei, saa tidlig staaer jeg aldrig op. — Væveren kommer strax ned. — Hvor have I været? — Vi seglede nedad Rhinen. — Har De maaskee lidt Ild? — Her har De Ild. — Har Væveren nogensinde fornærmet Dem? — Nei, ingenlunde. — Undskyld, at jeg ikke kom iforgaars; jeg kunde ikke komme, fordi jeg var sengeliggende. — Det gjør mig virkelig ondt, at De var syg; vi morede os saa godt. — Fra Kjøbenhavn reiser man fjorten Miil paa Jern=banen til Korsør. — Bring mig disse Breve paa Posten. — Men jeg veed ikke, hvor Posthuset er. — Det vil ethvert Barn kunne sige Dem. — Var Postbuddet ikke her idag? — Nei, Postbuddet har jeg allerede tre Dage ikke seet. — Om Vinteren ere Nætterne længere end om Sommeren. — Hvorfor var Englænderen idag saa gnaven (oder: vranten, oder: knarvorn)? — Han er jo altid gnaven. — I hvilken Gjæstgivergaard logerer De? — Jeg logerer i „Hvide Hest." — Franskmanden synes at være meget skinsyg. — Han er ikke blot skinsyg, men overhovedet et forfængeligt, misundeligt og ondskabsfuldt Menneske. — Ogsaa hans Søster synes at være meget forfængelig; hun staaer jo næsten hele Dagen for Speilet. — Lægger De Dem allerede? — Jeg er meget søvnig og desuden er det jo allerede temmelig seent. — Var Bageren glad, da Du betalte ham Pengene? — Han var meget glad; thi han sagde, han behøvede Pengene. —

93.

Er det rigtigt at efterligne Alt, hvad vi see? — Det kan vist ikke være rigtigt; men et ædelt Menneske burde vi aldrig see uden at efterligne ham. — Har De læst Aviserne (oder Bladene) idag? — Nei, jeg har hidindtil ingen Tid havt dertil. — Den gjerrige Urtekræmmers Søn kommer aldrig tidsnok i Skolen. — Naar agter De at reise til

Thdſkland? — Jeg haaber idag otte Dage at være i Ham=
borg. — Nutildags (oder: nu for Tiden, oder: nuomſtunder)
kan man virkelig reiſe meget hurtig. — Hvor ofte bringer
Bonden Dem Melk? — Han bringer os fire Gange ugent=
lig Melk og Æg; men tidligere kom han dagligdags til os.
— Glæder De Dem til Deres Reiſe? — Jeg vilde glæde
mig endnu mere, naar min ældſte Broder vilde ledſage mig.
— Kjender De Værten i „Tre Flaſker"? — Ja, jeg kjender
ham; han er en meget elſkværdig Mand. — Kan Du undvære
den danſke Bog? — Jeg kan blot undvære den i nogle Dage.
— Nyd Livet, ſaalænge Du kan. — Efterhaanden (oder: lidt
efter lidt) vænner man ſig let til Alt. — Synes De om
den norſke Væver? — Jeg ſynes ſaa temmelig om ham; men
jeg vilde ſynes endnu bedre om ham, naar han ikke var ſaa
vranten. — Hvad ſynes De om den unge Franſkmand? —
Han ſynes at være en meget elſkværdig Mand. — Vil De
indſkibe Dem i Hamborg? — Jeg vil enten indſkibe mig
i Hamborg eller i Bremen. — Naar agter De at gaae
om Bord? — Jeg agter endnu iaften at gaae om Bord.
— Vil Du love mig for Fremtiden ikke mere at gjøre det?
— Ja, kjære Fader, jeg ſkal aldrig mere gjøre det. — Er
Raben allerede kommen til Mureren? — Raben er endelig
(oder omſider) kommen til ham. —

94.

Hvorfor ſaae den rige Kjøbmand med Foragt ned paa
den gamle Kone? — Det gad jeg ogſaa vidſt. — Drikker
De Kaffe eller The om Morgenen? — Vi drikke ſædvanlig
Kaffe om Morgenen og The om Aftenen; men om Som=
meren drikke vi om Aftenen ogſaa engang imellem Øl. —
Komme Deres Døtre ſnart til Kjøbenhavn? — De komme
ſandſynligviis om kort Tid til Kjøbenhavn. — Foraaret er
Aarets ſkjønneſte Tid. — Hvorfor var De iaftes ikke hos
mine Svigerforældre? — For det Førſte var jeg ikke raſk,
og for det Andet havde jeg heller ingen Lyſt til at gaae ud.
— Det gjør mig virkelig ondt, at De ikke kom; De vilde
have moret Dem godt. — Tilſidſt maa De dog give mig

Ret. — Hvad sagde Professoren til Dem? — I Begyn=
delsen (ober: i Førstningen) var han meget vred; men tilsidst
blev han meget venlig imod mig. — Nuomstunder er det
meget let at reise. — De kommer vel nu sjelden til den
svenske Grosserer? — Jeg kommer slet ikke mere til ham.
— Hvorfor ikke? — Fordi jeg ikke vil have Noget at gjøre
med sligt et ondskabsfuldt Menneske. — Jeg kan aldeles ikke
vænne mig til saadanne Skikke. — — „Herre“, sagde et
Bruushoved til en Mand, af hvem han følte sig fornærmet,
„Sagen kan kun afgjøres med Blod.“ „Godt“, svarede denne
rolig, „vi ville ogsaa afgjøre Sagen med Blod, men med
koldt Blod.“ — — „Støvlerne ere altfor smaa“, sagde
engang en Herre til en Skomagerdreng, som bragte ham et
Par nye Støvler. „Ak nei!“ svarede Drengen rolig, „Deres
Fod er kun for stor.“ — — Da for kort Tid siden en Eng=
lænder i et Selskab blev spurgt om, hvorfor nutildags Lysten
til at gifte sig havde taget saa meget af, svarede han: „det
kommer deraf, at Qvinderne nutildags ere som Lilierne
paa Marken: de sye ikke, de spinde ikke, og de gaae dog
herligere klædte end Salomo i al sin Pragt.“ — —

95.

Er den unge Dreier endnu fraværende? — Jeg veed
det ikke; jeg har allerede i lang Tid ikke seet ham. — Er
Sabelmageren endnu ikke tilstede? — Han kom pludselig i
Nat; han løb strax til sin Svoger, men traf ikke Nogen
hjemme. — I Begyndelsen skabte Gud Himmelen og Jorden.
— Kom De tillands eller tilvands (ober: tilsøes)? — Vi
kom med Dampskibet. — Hvad her er for en Uorden! Alt
ligger jo hulter tilbulter. — Dreierens uartige Søn vilde
imorges ikke vaske sig. — Hvor lader De vaske? Deres Vask
er altid saa hvid. — Min Søster besørger mig altid min
Vask; forøvrigt veed jeg ikke, hvor min Vaskerkone boer, eller
hvad hun hedder. — Hvad for Vask har hun bragt Dem
idag? — Hun har bragt mig fem Skjorter, otte Kraver,
sex Flipper og fire Par Strømper. — Er hun dyr? —
Nei, jeg finder hende meget billig. — Har De idag gjort

mange Forretninger? — Nei, idag har jeg igjen gjort meget faa Forretninger. — Hvorfor betaler Sabelmageren ikke Dreieren, hvad han er ham skyldig? — Forbi han ikke har tilstrækkelig Penge. — Hvormeget er Kræmmeren Dem skyldig? — Han er mig endnu syv og tredive Daler og fire Mark skyldig. — Hvor gammel er den danske Dame, som iaftes var hos Deres Svigerinde? — Hun er i det Høieste nitten Aar gammel. — Hun seer endnu yngre ud. — De har lovet Skrædderen at betale ham, hvad De er ham skyldig; hvorfor betaler De da ikke den fattige Mand? — Jeg har jo allerede i Torsdags betalt ham. — Opvarter! bring mig et Stykke rød Sæbe og et Haandklæde; thi dette Haandklæde er jo ganske smudsigt. — Her bringer jeg Dem et reent Haandklæde; men rød Sæbe have vi ikke; vi have kun hvid. —

96.

Har De ikke seet mine Børster? — Jeg savner saavel min Klædebørste som min Tandbørste. — Deres Børster ligge jo i Deres Kuffert. — Hvorfor har Du ikke børstet mine Støvler idag? — Forbi jeg ikke har kunnet finde Skobørsten. — Hvad har din ældste Broder kjøbt? — Han har kjøbt sig et Par nye, uldne Handsker. — Min Ven, Grosserer A., har ifjor solgt særdeles meget Uld og Lærred. — Abraham sagde til sin Brodersøn, Loth: „Gaaer Du til Venstre, saa gaaer jeg til Høire, og gaaer Du til Høire, saa gaaer jeg til Venstre.“ — Veed De ikke, hvor den tydske Tømmermand boer? — Han boer skraas overfor os. — Hvorlænge prædikede den unge Svensker? — Han skal have prædiket halvanden Timer paa staaende Fod. — Gaaer Du allerede til Sengs? — Ja, thi jeg er meget søvnig og træt. — Kan De gjette, hvor dyrt dette Blækhorn var mig? — De har maaskee betalt en Daler derfor. — Nei, jeg har faaet det for fire Mark og otte Skilling. — Det er virkelig meget billigt for dette nydelige Blækhuus. — Hvormange Par Strømper har Pigen strikket? — Naar hun er færdig med dette Par, har hun strikket et heelt Dusin. — Hvilken af disse to Børster synes De bedst om? — Jeg synes bedst

om den mindste. — Hvem bliver først færdig? — Min
yngre Broder bliver først færdig; thi han har færre Breve
at skrive end jeg. — Jeg blev først færdig, endskjøndt jeg
havde mere at skrive end han. — Hav den Godhed at laane
mig denne tydske Bog. — Jeg skal meget gjerne laane Dem
den; men jeg kan i det Høieste undvære den to Dage. —
Tydskeren og Franskmanden løb omkaps. —

97.

Hvad synes De om den unge svenske Dame? — Jeg
synes i Almindelighed saa temmelig om hende. — Syntes
De ikke om den danske Læge? — Han er mig ganske lige=
gyldig. — Vil De indskibe Dem i Hamborg? — Naar jeg
bliver tidsnok færdig med mine Forretninger, indskiber jeg
mig i Hamborg; ellers maa jeg indskibe mig i Bremen. —
Der herskede en almindelig Nød i Landet. — Har jeg ikke
Ret? — I Almindelighed har De Ret. — Jeg raader
Dem til ikke at laane den tydske Barbeer Penge. — I
Særdeleshed maa jeg sige Dem, at jeg aldeles ikke er tilfreds
med Deres ældste Søn. — De vil altsaa allerede nu gaae
til Sengs? — Ja, thi jeg er meget søvnig og træt; jeg
faldt i Nat først Klokken to i Søvn. — Hvad skrive vi idag?
— Naar jeg ikke tager feil, have vi idag den otte og tyvende
Marts. — Gjør mig den Tjeneste og laan mig en Daler;
jeg veed, De er et meget tjenstvilligt Menneske. — Vil De
gjøre mig en Tjeneste? — Gjerne; hvad er det? — Vær
saa god at bringe mig dette Brev paa Posthuset. — Jeg
ynkes virkelig over den smukke, svenske Dame; hendes Mand
skal jo næsten daglig drikke sig fuld (eller: beruse sig). —
Jeg har endnu aldrig seet ham fuld. — Tvivler De der-
paa? — Ja, saalænge jeg ikke selv har seet det, betvivler
jeg den hele Historie. — Kunde De gjette (eller løse) Gaa=
den? — Nei, Ingen har hidtil kunnet løse Gaaden. —
Raader De mig til at gjøre det? — Nei, jeg fraraader
Dem det. — Er Herr Professoren hjemme? — Nei, han
er ikke tilstede. — Syntes De om Værten i „Hvide Løve"?
— Ja, han synes at være en meget flink (eller ferm)

Mand. — Tilforn (ober forhen) var i Sandhed (ober san=
delig) Alt anderledes. — Hvor gammel er hans ældste
Datter? — Hun er i det Mindste syv og tyve Aar gam=
mel; hun er altsaa rigtignok ikke saa ung; men hun er dog
en ret kjøn Pige. — Til høire laa en smuk Dal, til venstre
et høit Bjerg. — J Forbigaaende sagt er det en yndig
Egn. — Gaa dog fremad! — Er dette Speil tilsalgs (ober
tilfals)? — Nei, dette Speil kunne vi ikke sælge. — Hvor
gammel er den russiske Kjøbmand? — Han er allerede en
Mand til Aars; han kan maaskee være næsten tredsindstyve
Aar gammel. — Den stakkels General er paany bleven
saaret. —

98.

Havde jeg ikke Ret? — Nei, enten maa det Hele være
en Misforstaaelse, eller ogsaa har Slagteren løiet. — Hvor
har De kjøbt denne nydelige Pibe? — Jeg har faaet den af
min Svigerinde paa min Fødselsdag. — Det er Uret af Dem,
at De altid undgaaer denne Dreier; thi jeg forsikkrer Dem,
at han er et redeligt Menneske, der aldrig har gjort Nogen
noget Ondt. — Jmellem Paaske og Pintse er der syv Uger.
— Efter Paaske er det varmere end efter Juul. — Naar
kommer Deres nye Kokkepige? — Hun kommer til Pintse.
— Tilforn var St. Hansdag en høi Helligdag i Norden.
— Naar har Deres ældste Datter Fødselsdag? — Den
syv og tyvende December; altsaa tre Dage efter Juul. —
(J) blandt Andre var der ogsaa en ung, dansk Grosserer
hos min Ven, Lægen; han er et meget elskværdigt Menneske.
— Har De rede Penge? — Nei, jeg har slet ingen rede
Penge. — Spiser De gjerne Kalvesteg? — Jeg spiser hellere
Oxesteg eller Gaasesteg. — Min Svigermoder laa, som De
maaskee veed, ifjor omtrent tre Maaneder syg, nemlig fra
St. Hansdag til Mikkelsdag. — Vær saa god at lukke Døren
efter Dem. — J hvilken Butik har De kjøbt Deres gule
Handsker? — Jeg har kjøbt dem hos Søren Jensen i Bred=
gade. — Det er vel ingen Tydsker; Navnet klinger jo ganske
dansk. — Han er virkelig ogsaa en Dansk. — Har Du

endnu ikke lært Opgaven udenad? — Jeg har hidindtil ingen Tid havt dertil. — Efter Frederik den Sjette fulgte Christian den Ottende. — Hvorfor sender De ikke Bud efter en Snedker? — Alle Deres Stole ere jo itu. — J den hele Landsby boer der jo ikke en eneste Snedker. — Reiser De snart til Flensborg? — Jeg er uden Tvivl der Skjærtors-dag eller Langfredag. — Jeg mangler (ober: fattes; ober: der mangler ober: fattes mig) to store Nøgler og en lille Daase. —

99.

Den tydske Tømmermand har imorges faaet en meget ubehagelig Efterretning hjemmefra. — Denne Medicin er god for Brystet. — Hvad er Livet uden en Ven! — Hvor-for besøger Du ikke mere den rige Guldsmed? — Jeg vil slet ikke have Noget at gjøre med dette ondskabsfulde og mis-undelige Menneske; en slig Mand kan jeg ikke tælle iblandt mine Venner. — Hvorfor taler De altid saa høit med Væ-reren? — Fordi Manden er noget døv. — Hvorfor var De saalænge ikke hos mig? — Undskyld; jeg var allerede tre Gange hos Dem for at besøge Dem; men jeg har ikke kunnet træffe Dem hjemme. — Englænderen har kun gjort det for at ærgre os. — Det troer jeg knap; thi han synes mig at være en brav Mand; i det Høieste kan han have gjort det af Skinsyge. — Hvor gammel er Deres Svigersøn, Urtekræmmer Hansen? — Fastelavn bliver han ni og tyve Aar gammel. — Skjøndt Dreierens Søn næppe er tolv Aar gammel, tegner han dog meget godt; han vil uden Tvivl engang blive en god Maler. — Har De snart i Sinde at reise til Tydskland? — For min syge Kones Skyld kan jeg foreløbig slet ikke reise. — For din Skyld, kjære Ven, gjør jeg det meget gjerne. — Hvorledes saae Prindsen ud? — Han er en ung Mand af høi Væxt (ober: høi af Væxt), men temmelig mager; han ligner iøvrigt sin Fader meget. — Har De atter tjøbt Dem en Klædning? — Jeg har denne Gang kjøbt mig en blaa Silkeklædning; min forrige var mig for snæver. — Denne gamle Soldat havde udmærket sig i flere Krige;

ifjor blev han faaret. — Hvad syntes De om min nye,
forte Hat? — Er den ikke for lav? — Jeg troer snarere,
at den er for høi end for lav. — Hvor er Deres fine
Silkelommetørklæde? — Jeg kan ikke finde det; jeg har
sandsynligviis iaftes tabt det paa Ballet hos Grosserer Pe=
tersen. — Hvo er Formynder for denne Pige? — Den
norske Sadelmager, som De forrige Maaned traf hos mine
Svigerforældre. — De berømte Digtere Øhlenschlæger og
Baggesen vare indfødte Danske. — Denne Gartner har
baaret sig meget lumsk ad mod sin Herre. — Han har lagt
sin hele Dumhed for Dagen. —

100.

— — „Altid taber Du dog dine Skolesager", sagde en
Fader til sin Søn, „derfor har jeg ogsaa skrevet Datumet
i din nye Bog, for at jeg dog kan see, hvorlænge Du har
den." — — „Gives der endnu saa mange Forrykte hos
Eder", spurgte en Herre en Bonde fra den Landsby, hvor
han tidligere havde været Amtmand. „Gudskeelov ikke meer
saa mange som den Gang, da De endnu var hos os", sva=
rede Bonden. — — En Gjæst gjorde en Vært Bebreidelser
formedelst hans daarlige Drikkevarer. „Der er for meget
Vand i denne Viin", sagde han blandt Andet. „Tvertimod",
svarede den Anden rolig, „der er for lidt Viin i dette
Vand." — — „Laan mig otte Daler", sagde En til sin
Ven. — „Det skulde jeg meget gjerne gjøre, men jeg har
kun fire hos mig." — „O, saa giv mig kun dem, de andre
fire kan De jo blive mig skyldig." — — En Lærer spurgte
engang en Discipel: „hvad skabte Gud paa den sjette Dag?"
Da Disciplen ikke kunde besvare dette, spurgte Læreren for
at hjælpe ham: „Nu, hvilken er da den fornemste Skab=
ning?" „Herr Amtmanden", svarede Disciplen. — — En
Landsbyvært beklagede sig engang hos Bageren over, at han
bagte saa daarligt Brød. „Naar jeg vil have godt Brød",
sagde han, „maa jeg sende Bud til Staden." „Saaledes
gaaer det ogsaa mig", sagde Bageren, „naar jeg vil have
god Viin." —

101.

Hvorfor lo Du ad den fattige Murer? — Jeg har jo slet ikke leet ad ham. — Ad Aare reiser jeg uden al Tvivl med min Kone og mine Børn til Italien. — Hvor har De været den hele Eftermiddag? — Vi spadserede langs ad Strandbredden. — De gik tre ad Gangen (eller: tre og tre). — Kjender De Digteren A.? — Ja, han er en god Ven af mig. — Har Thydskeren virkelig gjort det af Gjerrighed? — Jeg troer snarere, at han kun har gjort det af Skinsyge; han er ellers en meget brav Mand. — Der kjører jo Deres Vogn. — Nei, Vognen tilhører ikke mig, men min Svigerfader. — Af Kjærlighed til Kunsten forlod Sangerinden for kort Tid siden sit Fædreland og indskibede sig til Amerika. — Efter Forløbet af flere Maaneder viste det sig tydeligt, at jeg havde Ret. — Hvo er Formynder for disse Børn? — Naar jeg ikke tager feil, er Grosserer Jensen Deres Formynder. — Det glæder mig meget; thi han er en meget forstandig Mand og en god Raadgiver. — Man maa altid adlyde sine Forældres Befaling. — Hans Stemme er i den sidste Tid bleven meget dyb og grov; tidligere havde han en fiin Tenorstemme. — De skuffer Dem meget, naar De troer, at Lægen vil undskylde sig hos Dem. — De kan dog virkelig ikke negte, at De har sagt det. — Jeg negter det jo aldeles ikke. — Veed De ikke, at vi imorgen have Bededag? — Nei, det vidste jeg ikke. — Den unge Sadelmager arbeider ikke blot enhver Søgnedag (eller Hverdag), men ogsaa alle Helligdagene. — Maleren fløitede ad sin Hund. — Det varede mig for længe. — Reiser De ikke snart hjem? — Sandsynligviis reiser jeg henimod Pintse. — Hvor bliver De af? — Jeg var i Haven. —

102.

Har Du ikke seet mit Lommetørklæde? — Jeg har imorges fundet et smudsigt Lommetørklæde i Kjøkkenet; jeg har lagt det bag din Kuffert. — Er Deres ældste Søn nu flittig? — Hans Flid er roesværdig; han lægger sig nu i

Særdeleshed efter Physik. — Er Deres Svigerdatter endnu altid syg? — Ja, hun ligger desværre for Døden. — Den norske Student, som De traf hos os iforgaars, er et meget flinkt Menneske; han taler flere Sprog ganske flydende, f. Ex. Fransk, Tydsk og Dansk. — Skal jeg lade Kjødet koge eller stege? — Lad Halvdelen deraf koge; den anden Halvdeel kan Du imorgen lade stege. — Er Oxen allerede slagtet? — Nei, Slagteren vil først slagte den i Eftermiddag. — Hvem har bagt dette Brød? — Vi bage altid selv vort Brød. — Spiser De gjerne stegte Fisk? — Jeg spiser hellere kogte Fisk. — Skulle vi ikke aabne et Vindue? Det er meget varmt her. — Jeg vil kun gaae derhen for at kunne sige, at jeg var der. — Jeg blev af med alle mine Penge. — Hvorledes saae Franskmanden ud? — Det er en Mand af høi Væxt, med et stort, sort Skjæg. — Hvor have I været? — Vi gik langs ad Strandbredden. — Man maa altid adlyde Statens Love; men man behøver ikke altid at følge Modens Love. — Det maa allerede være seent; det lakker (ober liber) ad Aften. — Var Deres Søster glad? — Hun græd af Glæde. — Er Dreierens Søn en flink Dreng? — Af en Dreng paa tretten Aar at være veed han meget. — Mener De det virkelig for Alvor? — Nei, jeg har kun sagt det for Spøg. —

103.

Hvor boer den unge Prindsesse? — Hun boer hos sine Bedsteforældre. — Har De maaskee seet mine Silketøfler? — Ja, jeg har seet dem i en Krog, jeg troer bag Kakkelovnen. — Regnede det? — Ja, jeg er jo, som De seer, vaad fra Top til Taa. — Hvor har De kjøbt denne smukke Sølvkjede? — Jeg har kjøbt den hos Guldsmed Holm i Bredgade. — Hvor er Tydskeren? — Tydskeren er med eet reist til Fyen. — Vil De maaskee tage Deel i dette Foretagende? — Jeg vilde meget gjerne tage Deel deri; men nu har jeg ingen Penge. — Hvor gammel er Deres ældste Datter? — Hun er henved atten Aar gammel. — Hvem redrede (ober frelste) Barnet? — Prindsen selv frelste Barnet fra Døben; men dets Forældre vise sig meget utaknemmelige. — Gaaer Arbeidet nu hurtigt? — Ja, det gaaer meget hurtigt fra Haanden. — Seer Du ikke Musen? — Nei, jeg seer den ikke; den er uden Tvivl krøben (i)gjennem Hullet. — Hvem befriede Damerne fra Røverne? — En ung dansk Læge befriede dem fra Røverne. — Den russiske Skrædder, der igjen vilde tigge hos os, har fra Ungdommen af altid været meget doven. — Hvad for en Landsmand er denne Skipper? — Han er uden Tvivl enten en Normand eller en Svensker. — Hvem har sagt Dem det? — Det har jeg hørt af min Bedstefader. — Hvor vare begge hans Brødre? — De kom iaftes fra Hamborg. — Reiser De snart til Fyen? — Jeg maa være der inden otte Dage. — Kongen og Dronningen kjørte igjennem hele Byen. — Hvem sad i Formiddags i Vinduet? — Det har ikke været mig. —

104.

Af hvem har Du faaet dette smukke Halstørklæde, min lille Dreng? — Jeg har for nylig faaet det af min Bedstemoder. — Vil De ikke gaae med til min Bedstefader? — Han har just idag Fødselsdag. — Jeg vilde meget gjerne besøge ham; men jeg har ikke den Fornøielse at kjende ham. — Er Deres Arbeide snart færdigt? — Det skulde egentlig afleveres inden halvanden Maaneder; men formedelst Sygdom kan jeg først faae det færdigt om to eller tre Maaneder. — Har De seet Domkirken i Breslau? — Ja, det er en meget smuk Bygning. — Er Deres Broder hjemme? — Nei, han er nylig gaaet til vor Gjenbo, Dreier Nielsen. — Naar har De tabt Deres gule Silkelommetørklæde? — Jeg maa have tabt det i Søndags eller i Mandags. — See engang ad bagved Kakkelovnen; maaskee ligger det der. — Jeg har overalt søgt efter det; det er ingensteds at finde. — Med det Gode kan man udrette meget med denne Dreng. — De har rigtignok Ret; men De burde dog ikke have gjort det. — De reiser snart til Frankrig? — Jeg reiser sandsynligviis slet ikke; med mindre min Kone vil ledsage mig. — Hvem stod i Spidsen for den danske Hær? — General

Krogh havde man stillet i Spidsen for den hele Armee. — Istedenfor (eller istedetfor) at tie skulde Du hellere have sagt ham Sandheden. — De behøver slet ikke at være bange for Hunden; den ligger jo i Lænke. — Har Kongen mange Slotte? — Han har otte eller ni; deraf ligge tre i Hoved=staden. —

105.

Christian den Fjerde og Bonden.

Engang red en Bonde fra sin Landsby til Kjøbenhavn. Ikke langtfra Staden mødte han en stadselig Rytter. Det var Kongen, Christian den Fjerde. Hans Følge var tilfæl=digviis blevet i nogen Afstand. „Hvorfor saadant et Haft=værk? Har I maaskee Forretninger i Kjøbenhavn?", spurgte Kongen. „For det Første har jeg mange Forretninger i Ho=vedstaden; og dernæst vilde jeg gjerne engang see vor gode Konge, der elsker sit Folk saa meget." Kongen smilede og sagde: „Kongen kan I jo ofte nok see." „Men jeg veed jo ikke", indvendte Bonden, „hvem det er iblandt de mange Hofmænd, af hvilke han altid er omgiven." „Det skal jeg forklare Eder", sagde Christian, „I maa kun give Agt paa, hvem der beholder Hatten paa Hovedet, naar alle Andre ærbødi tage Hattene af." — Saaledes rede de med hinan=den ind i Kjøbenhavn. Bonden fortalte ham snaksomt Mangt om Agerdyrkningen, om sin Huusholdning, og hvorledes han undertiden om Søndagen havde sin Høne i Gryden — og mærkede længe Intet. Men da han saae, hvorledes alle Vinduerne aabnedes, og alle Gaderne opfyldtes med Men=nesker, og hvorledes Enhver ærbødig gjorde Plads for dem — da gik der omsider et Lys op for ham. „Min Herre", sagde han til sin Ledsager, hvem han betragtede med For=undring (eller Forbauselse) og Skræk: „enten er I Kongen, eller jeg er det; thi vi Begge alene have nu Hatten paa Hovedet." Da smilede Kongen og sagde: „Ja, jeg er Kongen. Naar I har stillet eders Hest i Stalden og besørget eders Forretninger, saa kom op til mig paa mit Slot; jeg skal da lade Eder opvarte med en Middagssuppe og vise Eder Kron=prindsen." —

106.

Er Tømmermandens Søn flittig? — Nei, han er me=
get skjødesløs med sit Arbeide; sædvanlig kommer han ogsaa
for silde i Skolen. — Den omhyggelige Moder vaagede hele
Natten, fordi hendes Søn var syg. — Det er virkelig me=
get sørgeligt, at det unge Menneske aldeles ikke vil adlyde
sine Forældre. — Kjender De den Snedker, som vi igaar
Aftes traf hos Urtekræmmeren? — Jeg kjender ham allerede
flere Aar; han er en flittig og dygtig Mand. — Finder De
ikke Foretagendet hensigtsmæssigt? — Nei, jeg finder det slet
ikke hensigtsmæssigt. — Bliver De endnu længe oppe? —
Nei, jeg gaaer strax til Sengs; thi jeg er søvnig og træt.
— Bliv ikke forskrækket (eller: forskræk Dem ikke)! — Den
ringeste Sag kan forskrække denne Pige (eller: indjage denne
Pige Skræk, eller: gjøre denne Pige bange). — Hvor denne
Pige seer ud! Jeg blev virkelig forfærdet (eller: forfærdede
mig) over hendes Udseende. — Jeg gruer (eller grues, eller
gyser), naar jeg tænker derpaa. — Hvor er De født? —
Jeg er en indfødt Dansk; men min ældste Broder er født i
Tydskland. — Hvorover undrer De Dem? — Jeg undrer
mig over, at jeg ikke har faaet noget Brev fra mine Søskende.
— Er denne Mand paalidelig? — Ja, han er en meget
paalidelig og flink Mand. — Hvorledes befinder Deres Svo=
ger sig? — Tænk Dem engang min Skræk; det stakkels
Menneske er i Nat pludselig gaaet fra Forstanden. — Jeg
har i Nat seet ham i Drømme. — Frederik den Syvende
er født den sjette Oktober 1808. —

107.

Naar er Deres Moder hjemme? — Hun pleier sæd=
vanlig at være hjemme ved denne Tid. — Hvorlænge bliver
De hjemme? — Jeg er hjemme fra Klokken otte til elleve.
— Skulle vi gaae til Bords? — Jeg er endnu ikke sulten.
— Hvor er Slottet? — Det ligger paa hiin Side af (eller
hiinsides) Floben. — Er Du vis paa din Sag? — Ja,
jeg er fuldkommen vis paa min Sag. — Har De Overflod

(ober Overflødighed) paa Penge? — Nei, jeg har beſtoværre Mangel paa Penge. — Du har traadt mig paa Foden. — Under Maaltidet draf Bageren to Glas Viin. — Hvor var De imorges? — Vi vare paa Torvet og kjøbte Frugt. — Hvor er min blaae Frakke? — Den ligger paa en Bænk i Haven. — Hvor langt er der fra Paris til London? — Der er næſten to hundrede Miil. — Hvorfor vil De reiſe til Randers? — Jeg vil beſøge nogle gode Venner der og tillige kjøbe mig nogle Par gode Handſker. — Hvo ſom ikke er med mig, er (i)mod mig. — Han er Ulven (i)blandt Faarene. — Hvor er Deres yngſte Broder? — Han ſtuderer Jura i Kjøbenhavn. — Hvor langt er der fra Hamborg til Kiel? — Mellem Hamborg og Kiel er der omtrent tretten Miil. — Har De ſeet Domkirken i Strasborg? — Ja, det er en pragtfuld Bygning; den har et over fire hundrede Fod høit Taarn. — Børn, have J ikke ſeet min graae Hat? — Jo, kjære Faber, den ligger paa Sengen. — Efter Regn kommer Solſkin. — Faderen er meget bedrøvet for ſin ældſte Datters Skyld; hans yngſte Søn er for kort Tid ſiden død af Mæslinger. — Da jeg i Formiddags gik ud af mit Værelſe, bemærkede jeg en gammel Mand paa Trappen; jeg ſpurgte ham, hvad han vilde; men han gav mig intet Svar; ſiden ſagde mig Nogen, at han var ſtum. — Han ſidder for længe over Arbeidet. — Hun ſvarede ikke et Ord paa hele Talen. — Hvor er Deres Svigerſøn? — Han bliver Vinteren over i Norge. — Har Skrædderen endnu ikke bragt min Frakke? — Nei, han arbeider endnu altid paa Frakken; men uden Tvivl faaer han den færdig imorgen. — Hunden gnaver paa et Been. — Jeg tvivler ikke paa Deres Flid. — Kongen hævnede ſig paa en gruſom Maade paa den ſtakkels Gartner. — Ved at ſkrive til ham gjør De ikke Sagen bedre. —

108.

Har De ikke truffet Thydſkeren idag? — Jeg har ikke ſeet ham ſiden i Løverdags. — Sabelmageren ſagde nylig til mig: uden Deres Hjælp og trods Deres Fjendſkab ſkal

jeg dog faae Pengene. — **Hvad** synes De derom? — Jeg
tvivler meget paa hans Ord. — Hvorfor var Du ikke hos
os igaar Aftes? — Forbi min Fader under Straf havde
forbudt mig at gaae til Eder. — Det gjorde mig virkelig
ondt for Dig; thi vi morede os saa godt. — Er Deres
Moder ikke hjemme? — Hun er for Øieblikket ikke hjemme;
men hun kommer sandsynligviis strax; hun pleier ellers altid
at være hjemme ved denne Tid. — Er Deres Svoger alle=
rede en gammel Mand? — Ja, han er allerede til Aars.
— Han forsikkrede mig paa Tro og Love, at han for Frem=
tiden vilde handle anderledes. — Paa denne Side af Bjerget
staaer der et lille Huus, i hvilket der boede en gammel Enke
samt begge hendes Døtre. — Veed De ikke, hvor Urtekræm=
mer Nielsen boer? — Han boer ligeoverfor Posthuset. —
Jeg kan aldrig blive klog paa hans Politik. — Tre Gange
om Ugen bringer Bonden os Æg. — Hvor er Deres
Datter? — Hun er iforgaars mod min Befaling reist til
Slesvig; nu tærer hun paa sine sidste Penge; men hun har
altid været døv mod alle mine Formaninger. — Henimod
Aften red Prindsessen tilligemed Grevinde B. igjennem
Slottet. — Tiggeren bad mig atter idag om en Al=
misse. — Hvor boer De nu? — I store Kongensgade,
ligeoverfor min Svoger. — Naar agter De at reise til
Danmark? — Om tre eller fire Uger haaber jeg at være
i Kjøbenhavn. — Lægen har baade om Morgenen og om
Aftenen mange Besøg. — Hvor har Du været hele Efter=
middagen? — Jeg gik omkring paa Marken. — Overalt
i hele Huset herskede den største Rolighed. — Har Du ikke
seet vor nye Kobberkjedel? — Den staaer jo bag Kakkel=
ovnen. — Den uartige Dreng heldte Blæk over sin nye
Bog. — Hvorfor staaer Døren paa vid Væg? — Jeg har
glemt at lukke den i. — Hvor har Du været hele Formid=
dagen? — Det kommer ikke Dig ved (ober: det vedkommer
ikke Dig). —

109.

Ligeoverfor Taarnet boede der en Murer, ved Navn Hansen. — Hvorfor kastede De Drengen paa Døren? — Forbi han var meget uartig. — Hvor er Deres Moders Portræt? — Det hænger der paa Væggen. — Den fattige Kone, som først i Onsdags var hos os, er pludselig død imorges; hun var Moder til tre smaa Børn. — Ved Leilighed (eller leilighedsviis) kan Du sige til din Svigerinde, at det gjør mig meget ondt. — Jeg vil ikke give Slip paa min Rettighed, medmindre at man overtyder mig om, at jeg har taget feil. — Overeensstemmende med Deres Befaling har jeg sendt de tydske Bøger til Deres Bedstefader. — Ved Siden af hende sad en gammel, døv Mand. — Den russiske Skrædder har paany stjaalet. — Vil De maaskee paa en kort Tid laane mig den nye Roman af Andersen: „At være eller ikke at være?" — Jeg kan ikke godt undvære Boger. — Jeg sagde Dem jo strax, kjære Ven: der er ikke meget ved dette unge Menneske; han er meget ondskabsfuld og misundelig. — Ved at læse Brevet blev han ganske bleg. — Han har slet ikke talt paa Embeds Vegne. — Har De ikke seet min Stok? — Den staaer jo ved Pulten. — — En ung Mand bad Kongen af Preusen om et Embede. Kongen spurgte ham om, hvor han var født. „Jeg er født i Berlin", svarede han. „En Berliner", sagde Kongen, „giver jeg intet Embede; thi alle Berlinerne due Intet." „Jeg beder Eders Majestæt om Forladelse", vedblev den unge Mand; „der gives ogsaa gode, og jeg kjender saadanne to: den Ene er Eders Majestæt, og den Anden er mig." Kongen lo over dette Svar og gav ham Embedet. — —

110.

— — En Bonde havde seet, at gamle Folk brugte Briller til at læse. Han gik altsaa til en Optiker og forlangte et Par Briller; denne gav ham, hvad han havde forlangt, og efterat Bonden havde aabnet en Bog, sagde han, at Brillerne ikke vare gode. Optikeren gav ham da et andet og stærkere Par; men da Bonden endnu ikke kunde læse, sagde Optikeren til ham: „Min Ven, De kan maaskee slet ikke læse?" „Naar jeg kunde læse", svarede Bonden, „behøvede jeg ikke Deres Briller." — — Naar skete denne Historie? — Den skete om Midnatten. — Ved Pintse er det varmere end ved Paaske. — Hvad fortalte din Bedstefader Dig? — Han fortalte mig en Historie om to Røvere. — Er Arbeidet ikke godt? — Jeg synes aldeles ikke om det; De maa gjøre det om igjen. — Hvorfra kom Lyden? — Lyden kom ovenfra. — Hvorpaa tvivler De? — Jeg tvivler paa denne unge Mands Ærlighed. — Tvivler De paa det, hvad Dreieren har sagt Dem? — Jeg tvivler derpaa; thi han har ofte løiet. — Hvad sagde Hollænderen til Dem? — Det veed jeg vir= kelig ikke; jeg kan aldrig blive klog paa det Menneske. — Kjender De Eieren (eller Eiermanden) af dette Huus? — Naar jeg ikke tager feil, er han en indfødt Franskmand. — Forbryderen er bleven dømt til Døde. — Under Samtalen loe de uartige Børn. — Naar blev den tydske General saaret? — Han blev saaret i Slaget ved Jena. — Hvor er min lille, grønne Æske? — Jeg har ikke seet Deres Æske. — Bring mig en Tandbørste og noget Tandpulver. — Er det sandt, at Deres Svigerinde vil reise til Dan= mark? — Ja, hun reiser om nogle Uger til Danmark. — Hvor gammel er Deres Bedstemoder? — Hun er over fiir= sindstyve Aar gammel. — Det havde jeg sandelig ikke troet. — Hun lovede mig paa Tro og Love i Fremtiden ikke at gjøre det mere; men hun har ikke holdt sit Løfte. —

111.

Brygger Holm beklagede sig igaar over, at Du meget længe ikke havde besøgt ham. — Jeg var jo først i Løver= dags hos ham; men der var Ingen hjemme. — Buundt= mageren beskhldte sin Svend for at have frastjaalet ham to Daler (eller: at have stjaalet to Daler fra ham). — Troer De det, kjære Ven? — Nei, jeg troer det slet ikke; sand= synligviis har Buntmageren taget feil; det Menneske er al= tid saa mistroisk; han er meget gjerrig, og han troer, at alle Mennesker stjæle fra ham. — Et saadant Arbeide kan

kun Blikkenslageren selv bedømme. — Vor Gjenbo, Glar=
mester Andersen, har i den sidste Tid erhvervet sig en smuk
Formue. — Hvem har brukket vort Speil itu? — Det har
den tossede Bødker gjort, der i Formiddags var hos os;
han maa erstatte os Speilet. — Kan Tapetmagerens yngste
Søn stave? — Han læser allerede ganske flydende; det er
overhovedet et meget flinkt Barn. — Hvorledes befinder sig
den tydske Pottemagers Kone? — Lægen var der nylig og
har paany foreskrevet hende Medicin. — Kjender De ikke
Bogtrykker Olsen? — Jo, ham kjender jeg meget vel. —
Tænk Dem engang: han er iforgaars pludselig bleven van=
vittig (oder: afsindig). — Jeg kan slet ikke forestille mig det:
jeg talte jo først med ham for nogle Dage siden, og den=
gang var han som sædvanlig munter, ja næsten overgiven
og foreslog endnu, at vi paa Søndag skulde kjøre med Jern=
banen til Roeskilde. — Hvorfor undviger Bogbindersvenden
Dig altid? — Sandsynligviis fordi han endnu er mig et
Par Daler skyldig; men han kan være ganske rolig; jeg skal
ikke kræve ham. — Da Farveren havde vederqvæget sig lidt,
gik han videre. — Hvad vederfores (oder: vederfor, oder:
vederfarede, oder: — faredes) Dig iaftes? Du saae jo
ganske bleg ud. — Jeg befandt mig ikke ganske vel. — Tyven
skal ikke undslippe mig. — Kommer De ofte sammen med
Kleinsmed (oder Laasesmed) Petersen? — Nei, meget sjelden;
thi jeg holder ikke af ham; han mishandler jo altid sin Kone
og sine Børn. —

112.

Hvad er Klokken nu? — Klokken er næsten tre Qvar=
teer til otte. — Det kan jeg næppe troe; Deres Uhr gaaer
vist for hurtig. — Nei, undskyld; det gaaer snarere for
langsomt. — Mit Uhr er blevet staaende; jeg har glemt at
trække det op; veed De maaskee, hvad Klokken er? — Klokken
har nylig slaaet elleve. — Du misthyder altid mine Ord. —
Fjenderne søgte at forsvare sig ved at lade grave en Kanal.
— Svenden var ikke istand til at bevæge sin Mester dertil.
— Kobbersmeden vilde give ham Leilighed til at fortjene

mange Penge; men han gjorde Afkald berpaa. — Gaaer
Du endnu med saadanne tykke Uldhandsker? — Ja, jeg
fryser altid. — Troer De, at Deres Søster vil foretrække
det større Mønster for det mindre? — Hun vil uden al
Tvivl foretrække det mindre. — Hvorfor var Deres Svoger
i Formiddags tre Gange her? — Han var meget forlegen
for halvtredsindstyve Daler, som han havde lovet at laane
sin Ven, Slagter Jensen. — Men, hvorledes kan man love
at laane, hvad man selv ikke har? — Du har godt ved at
tale; han ventede, at hans Fader skulde komme idag; men
han kommer først paa Tirsdag. — Et saadant misundeligt
Menneske som denne svenske Kandestøber, har jeg endnu al=
drig kjendt; han under En knap Brødet. — Hvor har De
nu været? — Jeg var i Møllerens Have; jeg har plukket
mig Kirsebær og Ribs. — Hvad hvidskede Grovsmeden Dig
i Øret? — Han sagde, han angrede sin Opførsel imod mig
og bad mig om Tilgivelse (eller Forladelse). — Fjenderne
beleirede Fæstningen omtrent halvandet Aar. — Hvad synes
De om den unge Glarmester, som vi igaar Aftes traf hos
vor Gjenbo, Brhggeren? — Han synes at være et meget
overtroisk Menneske. — De Christne bleve oftere beseirede
af de Vantroe. —

113.

Er Deres Mester ikke hjemme? — Han er paa Værk=
stedet. — Jeg pruttede saalænge med Buntmageren, til
jeg fik det fire Mark billigere. — Hvem har Du hilset? —
Det var jo vor Gjenbo', Blikkenslagerens Søn. — Denne
Pottemager opfører sig som et galt Menneske. — Kong Ne=
bukadnezar blev tilsidst gal og sammenlignede sig selv med Gud.
— Han skjulte sig i Haven; sandshnligviis var han bange
for os. — Jeg har dadlet hans tossede Opførsel. — Denne
franske Tapetmager er dog virkelig en pudsig (eller løierlig)
Karl; men han er tillige meget mistroisk, og med mistroiske
Mennesker omgaaes jeg ikke gjerne. — Kjender De ogsaa
hans Broder, Bødkeren? — Ja, han er ganske forskjellig
fra ham; thi han er altid rolig og alvorlig. — De behøver

flet ikke at ſkjule Dem; jeg har jo dog ſeet Dem. — Vær
ſaa god at bringe mig min Slobrok og mine Tøfler. — Her
er Deres Slobrok; men Deres Tøfler kan jeg nu ikke finde.
— De ſtaae uden Tvivl under Sengen. — Hvor er Sæt=
teren? — Han er paa Værkſtedet. — Glem ikke at trække
Deres Uhr op og at ſtille det. — Grevinden var utaalmodig
efter at aabne Brevet. — Sadelmageren var meget vred
over, at vi ikke havde ſagt ham et Ord derom. — De har
ikke Ret til at prygle min Hund. — Hvorlænge varede Byens
Beleiring? — Den varede næſten fem Maaneder. — Han
følte Anger over ſin lumſke Opførſel. — Dronningen plukkede
med egen Haand Blomſter i Haven. — Har De endnu ikke
faaet Pengene af Garveren? — Jeg har ofte nok krævet
ham; men han har aldrig Penge. — Kobberſmeden paaſtod,
at han havde laant Dem ſyv Daler. — Det maa være en
Misforſtaaelſe; jeg har aldrig laant Noget af det Menneſke. —

114.

Hvor meget har De givet for Deres Guldkjede? — Den
har næſten koſtet mig tredive Daler. — Det ſynes mig dog
at være temmelig dyrt. — Jeg pruttede længe nok med
Guldſmeden; men han vilde ikke ſælge mig den billigere. —
Jeg er meget begjerlig efter at lære Deres nyeſte Værk at
kjende. — Det var jo et dumdriſtigt Spring. — Hils Deres
Søſkende. — — En Englænder, der for førſte Gang var i
Danmark, mødte i Kjøbenhavn en lille Dreng, ſom talte
flydende Danſk. „Min Gud", udraabte han, „er det mu=
ligt, at endogſaa Børnene her tale et reent Danſk?" — —
Da Henrik den Fjerde en Gang paa ſit Slot mødte en
Mand, ſom han ikke kjendte, ſpurgte han ham, hvem han
tilhørte. „Jeg tilhører mig ſelv", ſvarede Manden. „Min
Ven", ſagde Kongen, „De har en meget dum Herre." — —
„Hvilken Forſkjel er der imellem et Uhr og mig", ſpurgte
en Dame en ung Officeer. „Et Uhr", ſvarede denne, „an=
giver Timerne, og i Deres Nærværelſe glemmer man dem."
— — Keiſerinde Maria Thereſia ſpurgte engang en franſk
Officeer, om han troede, at Grevinde A., hvem han Dagen

iforveien havde feet, virkelig var den smukkeste Kone i Verden, som alle Mennesker paastode. „Madame", svarede Officeren, „jeg troede det igaar." — —

115.

· Jeg er idag meget fortrædelig; thi jeg har tabt en Tegnebog med hundrede Daler. — Det gjør mig virkelig ondt. — Baade Bjørnen og Katten ere Rovdyr. — Omendskjøndt Norge er saa stort som Storbritannien, nemlig 5700 Qvadratmiil, har det dog kun omtrent 1,700000 Indbyggere, medens Storbritannien har henved tredive Millioner. — Ikke blot Soldaten, men ogsaa flere Officerer bleve saarede i Slaget. — Du maa være flittigere og opmærksommere; ellers lærer Du Intet. — Har Bundtmager Hansen ikke været hos Eder idag? — Han var just hos os, før(end) Du kom. — Blomsterne ere jo allerede ganske visne. — Hvorfor saae Bogtrykkeren idag saa bedrøvet ud? — Fordi han har tabt over halvfjerdsindstyve Daler. — Det er virkelig en sørgelig Historie. — Jeg kan slet ikke sige Dem, hvor ondt det gjør mig for den stakkels Mand; han er et meget flittigt og redeligt Menneske. — Først sagde han det til min Moder, saa til min Fader og tilsidst til sine Svigerforældre, hvorpaa vi Alle gik tilfredse bort. — Er den tydske Garversvend Deres Fjende? — Nei, tvertimod, han er endog(saa) min bedste Ven. — Naar De tillader det, Fru Hansen, tager jeg mig snart den Frihed at besøge Dem i Deres nye Bolig. — Hverken Nero eller Domitian vare gode Keisere. — Naar jeg reiser til Flensborg, skal jeg besøge Deres Bedstemoder. — Omendskjøndt Blikkenslagerens Datter er lille og styg, er hun ikke destomindre en meget elskværdig Pige. — Gaaer De allerede? Vent dog, til min Kone kommer tilbage. — De vil ikke kunne gjøre Deres Arbeide færdig iaften, naar (ober: dersom, ober: hvis, ober: om) jeg ikke hjælper Dem dermed. — Hvis De er flittig og opmærksom, saa forsikkrer jeg Dem, at De om kort Tid vil lære det danske Sprog. — Ifald De skulde trænge til min Hjælp, saa kald blot paa mig, og jeg skal hjælpe Dem. —

Din Ven, Glarmesteren, maatte igaar holde Sengen; derfor kunde han ikke komme til Dig. —

116.

Den Vise lever sparsomt, medens han endnu er ung, for at han kan nyde Frugterne af sit Arbeide, naar han bliver gammel. — Har De endnu ikke havt nogen Efterretning fra Deres Søster? — Jo, hun har endelig skrevet iforgaars. — Jo mere man har, desto mere vil man have. — Har Franskmanden bragt Noget med? — Han har bragt en Papagøie og en smuk Paafugl med. — Hvad feiler Dem? Deres Ansigt er jo ganske rødt. — Jeg var idag i Skoven, og der har en Myg eller maaskee endogsaa en Bi stukket mig. — See engang, hvorledes Edderkoppen fanger Fluer! — Gaa til Myren, du Lade, see dens Veie og bliv viis! — Der flyver en broget Sommerfugl. — I Spanien findes der mange Æsler og Muulæsler. — Bonden, der bringer os Æg, er en rig Mand: han har sytten Køer, otte og tyve Kalve, femten Grise og otte og tredive Høns. — Vor graae Hankat har idag fanget flere Rotter. — Spiser De gjerne Sild? — Ja, i Særdeleshed Spegesild. — Den kalkunske Hane holder ikke af den røde Farve. — Jeg har idag seet en Abe(kat), et Pindsvin, et Egern og en Grævling. — Der flyver en Svale. — De tager feil; det er ingen Svale, men en Spurv. — Her svømmer der flere Svaner og Ænder; jeg vil give dem noget Brød. — Spiser De ofte Fisk? — Jeg spiser undertiden Gjedder og Lax; ellers er jeg ikke nogen Ven af Fisk. — Duen blev fangen af en Ørn eller af en Høg. — Hvormange Heste har Prindsen? — Han har fem Hingster og otte Hopper. — En saadan stor Tyr har jeg endnu aldrig seet. — Fiirbenene og Skildpabberne have fire Fødder. — Frøerne have rødt og koldt Blod. — Oldenborrerne leve sædvanlig paa Blade og Blomster. — Faarekyllingerne have fire Vinger. — Drengen har en smuk Snegl. — Jeg har idag seet mange Myrer. —

117.

Smager Brødet Dem ikke? — Det er temmelig blødt. — Jeg finder det tvertimod temmelig haardt. — Hvorfor seer De idag saa fortrædelig ud? — Jeg har tabt min Brevtaske og ovenikjøbet har jeg idag faaet en meget ube= hagelig Efterretning fra min Datter i Jylland. — Vil De endnu idag besvare Brevet? — Jeg er tvivlraadig (oder raadvild), om jeg skal skrive endnu idag eller først næste Uge. — Kommer De ofte sammen med den norske Tapet= mager? — Nei, thi jeg holder ikke af sligt et trættekjært (oder: trættesygt oder: kivagtigt) og ugudeligt Menneske. — Konen var meget nysgjerrig efter at erfare noget Nærmere derom. — Vær ikke bange for Dyret; det er jo ganske tamt. — En saadan øm Moder har jeg endnu aldrig kjendt. — Denne Dreng har meget spæde Lemmer. — Hun er virkelig en meget dydig Pige. — De vare de oprindelige Landets Beboere. — Tilhører Gedebukken Dig? — Nei, den tilhører min Svoger. — Hvorfor kom De ikke igaar Aftes til os? — Forbi jeg deels ingen Tid havde og deels ikke var ganske vel. — Fremdeles maa jeg gjøre Dem opmærksom paa, at jeg allerede idetmindste for en Maaned siden udtrykkelig har sagt Dem det. — Ligesom han har opført sig imod mig, skal jeg handle mod ham. —

118.

En Samtale. — Om at staae op.

Adolph. Vil Du ikke snart staae op, Frederik? Klokken er jo allerede otte.

Frederik. Jeg troede ikke, at det allerede var saa silbigt. Dit Uhr gaaer vist ogsaa Noget for hurtig.

Ab. Tvertimod, mit Uhr gaaer snarere for langsomt end for hurtigt; staa altsaa nu op.

Fr. Jeg vilde virkelig gjerne nu staae op, men, som jeg seer, har Pigen endnu ikke bragt mig mine Støvler.

Ab. Hvad gjør det til Sagen? Du kan jo imidlertid be= nytte dine Tøfler.

Fr. Men jeg veed ikke, hvor jeg i Øieblikket skal finde dem.

Ab. Jeg seer dem allerede. De staae jo her under Sengen; der har Du dem. Nu, tænker jeg, kan Du vel endelig staae op.

Fr. Men jeg er, naar jeg skal være oprigtig, endnu træt og søvnig. Gjør mig derfor den Tjeneste og lad mig endnu sove en lille halv Time.

Ab. Du skulde virkelig skamme Dig ved at tale saaledes. Nu er Klokken næsten halv ni. Det vilde sandelig være bedre, om Du hver Morgen stod idetmindste et Par Timer tidligere op. Du veed jo, Ordsproget siger: Morgenstund har Guld i Mund.

Fr. Du har godt ved at tale; men naar jeg staaer tidlig op, er jeg hele Dagen træt.

Ab. Naar Du blot flere Gange vilde forsøge paa at staae tidlig op, saa vilde det nok efterhaanden gaae.

Fr. Jeg har allerede forsøgt det nogle Gange; men, som sagt, jeg bliver da om Aftenen saa meget tidligere træt og søvnig.

Ab. Du maa ikke lade det blive ved Forsøget, men idet= mindste staae otte Dage efter hverandre tidligt op; saa vil det tilsidst blive Dig til Vane.

Fr. Jeg skal følge dit Raad.

Ab. Gjør det, og Du vil være mig taknemmelig derfor. Levvel (eller Farvel)!

119.

En Mand, som var vant til daglig at ride og at drikke Æselmelk, blev af en syg Ven spurgt om, hvoraf det kom, at han altid var ved saa godt Helbred, og hvad hans Læge hed. Hvorpaa den Anden ganske alvorlig svarede: „min Læge er en Hest, og min Apotheker et Æsel." — — En engelsk Læge tillod aldrig sine Patienter at tale meget. Men det vilde ikke lykkes ham at bringe en gammel, snaksom Dame til at tie, indtil han hittede paa følgende Middel. „Viis mig engang Deres Tunge," sagde han til hende. Hun gjorde det. „Saa, nu beholder De Tungen saaledes, indtil jeg har talt til Ende." — — Ørnen har taget to Duer. — Holder De ikke af Gjedder? — Jo, jeg spiser meget gjerne Gjedder. — De maa i Tide see Dem om efter en god Plads; ellers faaer De ingen. — Det gjør Intet, om det ogsaa skal vare nok saa længe. — Hvad for en Bog skal jeg bringe Dem?

— Det er mig ganske det samme; hvad De end bringer mig, tager jeg imod med Taknemmelighed. — Hans Svogers Forretning bestaaer i at kjøbe og sælge alle Slags (eller: allehaande, eller: alskens) gamle Klæder. —

120.

De havde før Deres Afreise lovet mig fra Tid til anden at skrive til mig; men De har ikke holdt Deres Løfte; jeg har kun en eneste Gang faaet Brev fra Dem. — De har rigtignok Ret, hvad det angaaer, at jeg ikke har holdt mit Løfte; men jeg maa sige Dem: havde jeg den Gang vidst, at jeg vilde faae saa meget at gjøre, saa havde jeg i Sandhed ikke lovet det. — Har De seet Tydskerens Broder=(eller Søster=) datter? — Ja, jeg saae hende afvigte Uge. — Hvorledes seer hun ud? — Hun er temmelig spin= kel; hun har en lav Pande, en spids Hage og store, røde Hænder. — Naar sender De mig den franske Roman? — Saasnart jeg faaer læst den, skal jeg sende Dem den. — Efterat min Fadder (eller Gudfader) havde faaet sagt, hvad han vilde, gik han strax bort. — Hvormange Opgaver har Du skrevet idag? — Jeg fik ikke skrevet saa meget, som det havde været min Skyldighed. — Gaaer De idag til Præ= sten? — Jeg faaer vel gaae; ellers bliver han vred. — Er Jøden Pebersvend? — Nei, han har for kort Tid siden faaet en rig, tydsk Enke til Ægte. — Hvad sagde Oldingen? — Han sagde ikke et Ord, men bævede paa hele Legemet. — Hvad mig angaaer, maa jeg tilstaae, den Historie kan jeg ikke faae i mit Hoved. — Naar fik De det at vide? — Jeg havde faaet det Dagen iforveien at vide. — Der gives endnu mange Hedninger. — Se engang! Brødet er jo ganske huult. — Hvorledes er Veiret idag? — Veiret er afskyeligt; det regner og sneer og er saa koldt som midt om Vinteren. —

121.

Er Vandet ikke varmt nok? — Nei, det er jo næppe lunkent. — Naar flytter De? — Jeg flytter sandsynligviis paa Tirsdag otte Dage. — Hvad synes De om min nye Bolig? — Boligen er ret smuk; den synes mig bare at

være en Smule skummel. — Er Deres Fabberskes (ober
Gudmobers) Sygbom smitsom? — Jeg troer, hun har Mæs=
linger. — Hvor vor Stuepige er keitet og seendrægtig! Og
besuden er hun endnu meget barnagtig. — De er vel altsaa
ikke fornøiet med hende? — Nei, ingenlunde. — Hvorfor
stod De idag saa tidlig op? — Mine Børn gjorde saa megen
Støi, at De vækkede mig. — Har De sovet godt i Nat? —
Jeg har ikke sovet godt; thi De har gjort for megen Larm.
— Naar staaer din yngste Datter op? — Hun staaer op,
saasnart man vækker hende. — Er det Umagen værd at
skrive til Præsten? — Nei, det er virkelig ikke Umagen værd.
— Jeg er ganske vaad; jeg maa strax skifte Klæder. —
Hvor opholber sig den tybske Præst? — Han er for Øie=
blikket i Sverrig. — Hvilken Dag i Ugen høitideligholbe
Tyrkerne? — Tyrkerne høitideligholde Fredagen, men Jø=
berne Løverdagen, de Christne Søndagen, og Negerne skulle
høitideligholde deres Fødselsdag. — — „Iblandt Jer Bøn=
der gives der vel mange Narre", spurgte engang en lærd
Professor en Bonde. Denne svarede: „Narre finder man
i alle Stænder." „De sige undertiden Sandheden", sagde
Professoren. — — Vær dog ikke saa seendrægtig, men
arbeid, som det bør sig; jeg er virkelig kjed (og´led) af at
gjentage en Ting saa ofte. —

122.

Er Suppen allerede rettet an (ober anrettet)? — Den
er allerede rettet an for fem Minuter siden. — Saa maa
den vist være kold, og jeg spiser ikke gjerne kold Suppe. —
Hvad sagde Præsten, da Du fortalte ham Historien? —
Han skiftede Farve og sagde ikke et Ord. — De har jo,
som jeg hører, skiftet Bolig; hvor boer De nu? — Jeg
boer nu i Kongensgade, ligeoverfor mine Svigerforælbre. —
Hvem er den Mand, som sibber der paa Bænken? — Jeg
kjender hamikke. — Han synes at ville være alene; thi saa=
snart vi nærme os til ham, lader han, som om han sover.
— Har De skrevet Deres danske Stil? — Jeg har skrevet
den. — Var Deres Lærer fornøiet dermed? — Hvormegen
Umage jeg end gjør mig, saa kan jeg dog aldrig gjøre ham
Nogenting tilpas. — De nøler (ober tøver) saalænge, indtil

det bliver for seent. — Hvorledes befinder Deres Familie sig? — Jeg takker Dem; vi ere Alle vel undtagen (ober: med Undtagelse af) min ældste Søster (ober: paa min ældste Søster nær). — Hvad feiler hende da egentlig? — Hun lider altid af Hovedpine. — Kjender De ikke Ordsproget? — Hvilket Ordsprog? — Ingen Regel uden Undtagelse. — Efterat Mølleren havde solgt sin Hest, var han ikke fornøiet med Forretningen. — Efterat have drukket Vinen betalte jeg den. — Hun lagde en barnlig Kjærlighed mod Oldingen for Dagen. — Taler hun godt Tydsk? — Hun taler langt-fra saa godt og flydende Tydsk som hendes Moder. —

123.

En Samtale mellem en Herre og en Skrædder.

„Vil De tage Maal af mig til en Frakke?"

„Hvorledes ønsker De den?"

„Gjør den efter den nyeste Mode."

„Vil De maaskee ogsaa have Beenklæder og en Vest?"

„Ja, jeg har kjøbt Tøi til en fuldstændig Klædning."

„Hvorledes skal Vesten være?"

„Den maa ikke gaae for langt ned."

„Hvad for Knapper vil De have?"

„Jeg vil have dem overtrukne med det samme Tøi."

„Skulle Beenklæderne gaae høit op?"

„Hverken for høit eller for lavt."

„De skulle blive gjorte ganske efter Deres Smag."

„Men fremfor Alt maa jeg gjøre Dem opmærksom paa een Ting: jeg maa have det Hele til Onsdagmorgen; thi paa Onsdagaften Klokken syv reiser jeg til Fyen. — Kan jeg altsaa stole derpaa?"

„De skal faae det paa Onsdag."

„Men, hold Ord; thi ellers er det det sidste Arbeide, De gjør for mig."

„Nu, har De min Klædning færdig?"

„Ja, her bringer jeg den; jeg haaber, De skal blive fornøiet med den."

„Jeg vil strax probēre Frakken. Ærmerne synes mig at være temmelig lange og vide."

„Ingenlunde; man bruger dem nu ikke meer saa korte og snævre som tidligere. Frakken klæder Dem virkelig fortræffelig."

„Nu, det er jo en bekjendt Sag: Skrædderne have aldrig Noget at udsætte paa Deres Arbeide."

124.

Hvad feiler Deres Fætter, Grosserer Lund? — Han har Snue. — Forstaaer De Alt, hvad jeg siger Dem? — Jeg forstaaer det meget godt; men jeg kan endnu ikke godt udtrykke mig paa Dansk, forbi jeg ikke er vant til at tale. — Det kommer nok med Tiden. — Jeg ønsker det af ganske Hjerte. — De taler forøvrigt ganske flydende. — De spøger; jeg kan endnu ikke meget, og for at kunne tale flydende Dansk maa man kunne mere end jeg. — Kjender De ikke Ordsproget? — Hvilket Ordsprog mener De? — Hvo som vil tale godt, maa begynde med at tale daarligt. — Jeg reiste igaar med Deres Bedstefader fra Hamborg til Brunsvig; men da han var ankommen til Brunsvig, blev han pludselig syg; rimeligviis maa han opholde sig der nogle Dage. — Den unge, tydske Dame, som jeg talte om iforgaars, er i Formiddags død af Skarlagensfeber. — Er Franskmanden ikke en smuk Mand? — Han har et smukt, sort Skjæg; men forresten finder jeg ham styg. — Har De endnu ikke fundet Deres Datters hvide Lommetørklæde? — Jo, jeg har endelig fundet det i en Krog bagved Kakkelovnen; hun er langtfra saa ordentlig som hendes Søstre. —

125.

Disse Varer har Du betalt for dyrt. — Synes De om dette Mønster? — Jeg vilde dog hellere foretrække det andet, som De viste mig i Formiddags. — Vor Nabo, Gartner Holm, har kjøbt sig en ny, graa Hat. — Kan Du svømme over Floden? — Ja, jeg svømmer som en Fisk. — I Schlesien væver man meget godt Lærred; dette Stykke, som jeg her har, er vævet i Breslau. — Hun begræder sin yngste Datters Død. — Vi have solgt alle vore Tallerkener, Knive og Gafler. — Dreieren har tabt sin Sølvkjede. — Er Pottemageren død i Norge eller i Sverrig? — Han er hverken død i Norge eller i Sverrig, men i Tydskland. — Hvad synes De om den danske Bog, min Fader har laant Dem? — Jeg har endnu ikke læst den. — Ved at gaae igjennem den jydske Landsby traf jeg en blind Ol= ding. — Den gamle danske Farver er iforgaars død af Mæs= linger. — Imorgen kommer hans Søster fra Brunsvig. — Jeg var igaar to Gange hos Deres Forældre; men jeg traf dem ikke hjemme. — Skriv mig fra Tid til anden, hvor= ledes det gaaer Dem. — Hvor har De kjøbt dette Sukker? — Jeg har kjøbt det hos Urtekræmmer Petersen. — Har De seet det danske Skib? — Det var jo slet ikke noget dansk, men et engelsk Skib. — Drikker De Kaffe uden Fløde? — Nei, uden Fløde smager Kaffen mig slet ikke. — Er din Ven, Grosserer B., gift? — Nei, han er Pebersvend. — I Kjøbenhavn boer der omtrent to Tusind syv hundrede Jøder. — Hvad feiler Dem? Deres Kind er jo ganske tyk. — Da jeg igaar var i Skoven, blev jeg stukken af en Bi. — Har Du læst Aviserne idag? — Nei, jeg har endnu ingen Tid havt. —

126.

Denne svenske Læge har særdeles mange Kundskaber. Han skal jo forøvrigt være forlovet med Deres Broder= (oder: Søster=)datter; er det sandt? — Det veed jeg virkelig ikke. — Hvorfor var Du ikke i Skolen igaar? — Fordi jeg havde Hovedpine. — Man har sammenlignet Napoleon med Han= nibal. — Husker De endnu, at vi engang traf hinanden i Kjøbenhavn? — Ja, det var i Efteraaret 1845. — Naar reise Deres Forældre? — Uden al Tvivl reise De til Paaske. — Med Dampskibet eller med Jernbanen? — De reise først fra Kjøbenhavn til Korsør med Jernbanen, derpaa med Dampskibet til Kiel og den øvrige Vei igjen med Jern= banen. — Salomos Viisdom var større end nogensomhelst anden Konges. — De Christne beseirede de Vantroe i flere Slag. — Hvad har De betalt for Deres Gulduhr? — Uhret har kostet otte og tyve Daler. — Det er ikke for dyrt. — Deres Bedstefader har viist sig som en sand Ven imod mig; jeg skal heller aldrig glemme hans Godhed. — Har Du ikke seet min Fløielsvest? — Den hænger jo i Skabet. — Har Garveren betalt sin Gjeld? — Nei, han har endnu ingen Penge. — Den fattige Snedker havde ikke engang en Smule Brød. — Har De ingen Svovlstikker? Jeg vilde gjerne tænde min Cigar. — Vær saa god, her ere nogle. — Deres Svovlstikker due ikke meget, min kjære Ven; de synes at være fugtige. — Jeg kan ikke finde mit Signet. — Dit Signet har jeg imorges seet i denne Skuffe. — Hans Svigersøn har en høi Pande, en spids Hage og smaa, hvide Hænder. — Da jeg fortalte Præsten denne Historie, bævede han paa hele Legemet. — Har De ingen hvid Sæbe? — Nei, vi have kun grøn Sæbe. — Hvor logerer De? — Jeg logerer i Gjæstgivergaarden ligeoverfor Posten. —

127.

Hvad havde Tømmermanden at sige Dem? — Han havde nogle Ord at sige mig. — Har De kaldt paa Nogen? — Jeg har ikke kaldt paa Nogen. — Har Koncerten allerede fundet Sted? — Nei, endnu ikke; formedelst Messen kan den først finde Sted paa Løverdag otte Dage. — Har De ladet Deres hvide Handsker vaske? — Ja, min Vaskerkone har vasket dem. — Kan din lille Søster allerede stave? — Hun staver allerede temmelig godt; hun har overhovedet et godt Hoved. — Hvor langt har Deres Tjener baaret min Kuffert? — Han har baaret den indtil vort Varelager. — Agter De snart at reise til Frankrig? — Jeg reiser sandsynligviis (paa) Tirsdag eller Onsdag otte Dage. — Og hvorlænge vil De opholde Dem der? — Jeg har i Sinde at blive der hele Sommeren. — De har maaskee mange Slægtninge i Frankrig? — Jeg har kun en gammel Tante. — Er Mureren Deres Fjende? — Jeg veed ikke, om han er min Fjende; men jeg frygter for alle Mennesker, som ikke elske mig; thi om de ogsaa ikke gjøre mig noget Ondt, saa gjøre de mig heller ikke noget Godt. — Hvad har Deres Søster kjøbt? — Hun har kjøbt sig en Silkekjole og en Fløielshat. — Hvorfor taler De altid Tydsk og aldrig Dansk? — Fordi jeg er for frygtsom. — De spøger; er en Tydsker nogensinde frygtsom? — Hvad er Klokken? — Klokken er næsten halv eet. — Saa seent! Er det muligt? — Gaaer Deres Uhr rigtigt? — Nei, det gaaer et Qvarteer for hurtig. — Og mit en halv Time for langsomt. — Det er maaskee blevet staaende? — De har i Sandhed Ret. —

Er det trukket op? — Det er trukket op, og desuagtet (eller alligevel) gaaer det ikke. — — Demokrit og Heraklit vare to Philosopher af meget forskjellig Charakteer; hiin lo over Menneskenes Daarskaber, og denne græd derover. De havde begge Ret; thi Menneskenes Daarskaber fortjene, at man leer og græder over dem. — —

128.

Et Æsel mødte engang en sulten Ulv. „Hav Med= lidenhed med mig", sagde Æslet; „jeg er et stakkels, sygt Dyr; se blot, hvad for en Torn jeg har faaet i Foden!" „I Sandhed, jeg ynkes over Dig", svarede Ulven, „og min Samvittighed paalægger mig den Pligt at befrie Dig fra disse Smerter." Næppe var Ordet udtalt, saa blev Æslet sønderrevet. — — En udannet ungarsk Adelsmand ønskede at blive forestillet af Saphir for en indflydelsesrig Mand i Wien. Saphir gjorde dette med følgende Ord: „Jeg fore= stiller Dem Hr. v. K., der har faaet Prisen ved den sidste Qvægudstilling." — — Har De iaar spist mange Kirsebær og Ribs? — Ikke saa mange som ifjor; derimod har jeg spist mange Blommer og Pærer. — Spiser De gjerne Gule= rødder? — Ja, jeg spiser dem meget gjerne. — Hvorfor drikker De ikke? — Jeg veed ikke, hvad jeg skal drikke; thi jeg drikker gjerne god Viin, og denne seer ud som Eddike. — Kloge Mennesker lade sig belære af Fornuften; Folk af ringere Forstand af Erfaringen; de meest Uvidende af Nød= vendigheden, og Dyrene af Naturen. —

129.

Til den menneskelige Naturs mange Egenheder hører ogsaa de Riges Gjerrighed og de Fattiges Ødselhed. Mange rige Folk spare idag, som om de vare bange for imorgen at maatte omkomme af Hunger, og de Fattige fortære ofte i en Time saa meget, at de maae lide Mangel derfor en heel Maaned. Disse Egenheder ere saa meget mere uforklarlige, som Gjerrighed fortrinsviis er fremherskende hos gamle Folk, som dog daglig maae vente Døden, og Ødselhed fortrinsviis hos de Yngre, som fornuftigviis tør haabe at leve længe. Denne Fremgangsmaade kan kun tilskrives Menneskenes Lidenskaber og Daarſkaber. — — Kan De gjette følgende Gaader? „Hvilken Hals har hverken Kjøb eller Been?‟ — „Halſen paa en Flaſke.‟ — „Hvilket Hoved tilhører hverken Menne= ſker eller Dyr? — „Kaalhovedet.‟ — „Et Ord har to Stavelſer: den førſte betegner en Egn, hvor det er raat og koldt; uden den anden vilde der ikke gives nogen Farver; det Hele er Noget, om hvis Oprindelſe man endnu ikke er enig.‟ — Hvad hedder Ordet? — „Nordlyſet.‟ — „Jeg har Øine og Øren, Mund og Hænder, og dog ſeer og hører jeg ikke, jeg kan hverken tale eller føle.‟ — „Et Maleri.‟ — „Den førſte Stavelſe bruger Vandringsmanden, den anden er et fiirføddet Dyr; det Hele bruge Børnene ſom Legetøi, men ogſaa mange Voxne have det.‟ — „En Kjepheſt.‟ — „Det Førſte er haardt og føler Intet; det Andet er et nyt= tigt Dyr med et langt Skjæg; det Hele kan man ſee paa Himmelen.‟ — „En Steenbuk.‟ —

130.
Alexander v. Humboldt.

I Efteraaret 1848, da Kong Frederik Vilhelm den Fjerde opholdt ſig i Potsdam, reiſte Alexander v. Hum= boldt ifølge Indbydelſe derhen. Han kjørte ſom ſædvan= lig paa Jernbanen paa anden Klaſſe og udſøgte ſig, ſom han altid pleiede at gjøre, en Hjørneplads. Han havde juſt opdaget en ſaadan og følte ſig nu ganſke behagelig tilmode der, da en ung Lieutenant traadte ind, mønſtrede Selſkabet med overmodige Blikke og endelig begyndte følgende Samtale med Humboldt, hvem han ikke kjendte.

„De holder vel meget af Hjørnepladſer?‟ „Ja‟, ſva= rede Humboldt; „naar jeg kan faae en ſaadan, foretrækker jeg den.‟ — Jeg havde ellers bedet Dem om at overlade mig den.‟ — „Naar jeg kan gjøre Dem en Tjeneſte der= med, aftræder jeg den gjerne.‟ —

Humboldt byttede altſaa Plads med Lieutenanten, og denne lapſede ſig i Hjørnet, medens Vidnerne til dette Optrin loe. Men denne Latter tog Lieutenanten ikke for det, hvad det ſkulde være, men betragtede det ſom en Opmuntring til fremdeles at gjøre Nar af den ærværdige Olding.

„De reiſer vel ofte fra Berlin til Potsdam‟, ſpurgte

han Humboldt. — „Ja vel", var Svaret. — „De reifer
vel overhovedet meget?" — „Tidligere har jeg reift mere."
— „De er vel Handelsmand?" — „Nei." — „Eller Skole=
mefter?" — „Et Stykke deraf." —

Med lignende overmodige Spørgsmaal og fra Hum=
boldts Side meget beskedne Svar tilbagelagdes Veien mellem
Berlin og Potsdam, og Lieutenanten vilde ved sin Kavaleerære
have svoret paa at have moret sig og Selskabet udmærket
godt. Da de ankom i Potsdam, aabnede en kongelig
Lakai Kupeedøren, hjalp Humboldt ud og førte ham til en
kongelig Vogn. Lieutenanten var som falden ned fra Skyerne.
Han spurgte Selskabet, om de kjendte denne Mand. Da han
hørte Navnet: Alexander v. Humboldt, løb han saa hurtigt han
kunde efter Humboldt; denne var juft i Begreb med at stige ind
i Vognen. Her bad han den af en Mængde Nysgjerrige om=
ringede berømte Lærde om Tilgivelse. „Unge Mand", svarede
denne, „jeg tager altid Mennestene, saaledes som de ere." —

131.

Breslau den 28nde Juni 18..

Kjære Ven!

Umulig kan Du forestille Dig den Bestyrtelse, som igaar
greb alle Breslaus Beboere. Allerede før Din Afreise fra
Breslau var Oderen ved stærke Regnskyl stegen usædvanlig.
Men dog forestillede sig ingen Breslauer Borger, at Faren
i een Nat vilde voxe saaledes, som det har været Tilfældet.
Tænk Dig Byens Skræk, da man ved Daggry igaar fandt
den hele Omegn oversvømmet! Da jeg fik denne Efterretning,
glædede jeg mig blot over, at Du med Din Familie ikke
længere var her. Dog gik Alt bedre, end man havde ventet.
Øvrigheden greb hurtig de henfigtsmæsfigfte Forholdsregler
for at redde, hvad der var at redde. Ved dennes Anstren=
gelser lykkedes det at hindre Vandets Indtrængen i selve
Staden og derved at forebygge megen stor Ulykke. Meddeel
begge Dine Brødre disse Efterretninger og glæd snart med
Efterretningen om Dit og Din Families Velbefindende

Din trofafte Ven
Edvard A.

132.

Dyrebareste Onkel!

Deres Fødselsdag har stedse været en Glædens Dag for mig. Jeg erindrer paa den de store Velgjerninger, som jeg har Dem, dyrebareste Onkel! at takke for; jeg glæder mig over, at den kjære Gud hidindtil har skjenket Dem Sundhedens store Gode; gid han af sin Kjærligheds Fylde endnu mange Aar maatte velsigne Dem! O! maatte vi have den Lykke endnu længe at kunne glæde os ved Deres Kjærlighed. Disse Ønsker beskjæftige og opfylde idag ganske min Sjæl, og jeg har ikke kunnet afholde mig fra at udtale dem for Dem.

Deres lydige Søstersøn
Henrik L.

133.

Kjøbenhavn den ottende November 1860.

Høistærede Hr. Schmidt!

Deres smukke danske Brev har jeg læst med stor Fornøielse. Det er virkelig vanskeligt at begribe, hvorledes De i saa kort Tid saa godt har kunnet lære dette Sprog, der pleier at gjøre Udlændingen saa mange Vanskeligheder. De beder mig om at rette de Feil, jeg finder i Deres Breve. Jeg maa altsaa ganske oprigtig sige Dem, at De har gjort to store Feil deri. Den første er, at Deres Breve altid ere for korte, og den anden, at De beder mig om at rette dem. Vær saa god for Fremtiden at undgaae disse to Feil: De vil derved meget forpligte

Deres oprigtige Ven
Frederik Lund.